QUEL BEAU MÉTIER VOUS FAITES !

DU MÊME AUTEUR

La Chambre d'Albert Camus et autres nouvelles, Privé, 2006.

WILLIAM REJAULT

QUEL BEAU MÉTIER VOUS FAITES !

privé©

À mes parents, qui ont toujours fait au mieux,
comme tous les parents.

1.

Mes jours sont plus longs que mes nuits

Dans une maison de retraite, une journée comme une autre.

7 h 30

Je sonne à l'entrée, on m'ouvre, je récupère les clés sur le tableau. La veilleuse de nuit (20 heures-8 heures) vient me voir, s'assoit, morte de fatigue, sur une chaise et me raconte d'une voix morne les événements de la nuit. Mme Guigou n'a pas eu de selles. Mme Aubry a sonné sans arrêt. Mme Cresson a vomi un peu de son yaourt. Mme Royal va mourir là, sous peu, on pensait qu'hier c'était plié, mais non, elle a tenu encore une journée et une nuit.

7 h 35

Je lis les transmissions d'hier et d'avant-hier. Note dans ma tête de ne pas oublier qui est à jeun, qui part en taxi voir le dentiste, qui reçoit du monde, qui réclame son médecin traitant, qui veut son insuline en avance, qui mangera au restaurant avec son fils, qui demande une prescription pour des prothèses auditives.

7 h 40

Je cours après la fille du service qui a commencé à servir les petits déjeuners. Je passe après elle dans chaque chambre, relève les gens si besoin, enfourne une grosse cuillerée de médocs dans chaque bouche (entre un et douze, record battu pour Mme Megève), entrecoupée d'un verre d'eau, dans lequel j'ai déversé un à trois sachets différents (quatre pour Mme Megève).

8 heures

Premier étage, une insuline, une injection d'anticoag, une perf d'hydratation à arrêter. Elle m'entend passer avec le boucan d'enfer que fait le chariot et me saute dessus pour la première fois de la journée :

– C'est maintenant que vous me donnez mon Tardyferon ?

– Pas tout de suite, madame Bistre, pas tout de suite. C'est le midi. Il n'est que 8 heures.

– D'accord.

Je prends deux tensions, surveille une température, note que M. Kontier n'a pas eu de selles depuis trois jours, me fixe mentalement de penser à lui faire un lavement demain si rien ne s'est passé. Plus de sachets de Forlox sur le chariot, je monte d'un étage pour aller en piquer deux boîtes à la réserve. Alors que j'en sors, un cri venu d'une chambre m'arrête :

– Quelqu'un ! À l'aide ! À l'aide !

– Madame Jacquemin, combien de fois vous ai-je dit de ne pas crier à l'aide si vous n'avez pas d'urgence ! Vous voulez la télécommande, c'est ça ?

– Oui, je veux voir *Télématin*. William Leymergie.

– Monsieur « Jeu-du-foulard » ne travaille plus, en ce moment...

Elle s'en fiche, elle ne regarde pas l'écran. Elle crie à l'aide tant que personne ne vient lui allumer sa télé. Tous les matins. Tous les jours. On ne lui laisse pas la télécommande, elle suce les piles.

Alors que je redescends à l'infirmerie, le téléphone sonne :

– Tu ne veux pas monter au troisième ? Mme Oscarson ne se sent pas bien.

– Pas bien comment ? Vraiment pas bien ou juste pas bien *because* à jeun et ça peut attendre que je distribue les médocs car je suis déjà à la bourre (à en juger par le bruit du chariot de la fille, qui a fini le premier étage et arrive au deuxième). Elle est cyanosée ?

– Ça veut dire quoi ?

Joie de travailler avec des auxiliaires payées au SMIC, non formées, main-d'œuvre facilement trouvable et remplaçable. Le *turnover* est immense. Un matin, en partant, l'une d'entre elles, seule pour quarante malades, sur le cahier de nuit, avait écrit en lettres rouges immenses : « SAVEZ-VOUS QUE L'ESCLAVAGE A ÉTÉ ABOLI ? »

Je décide moi-même dans ma tête que la patiente va bien, je lui envoie plein de bonnes ondes positives et je repars distribuer mes cachets.

8 h 25

Deuxième étage. *Elle* m'a suivi.

– C'est maintenant que vous me donnez mon Tardyferon ?

– Pas tout de suite, madame Bistre, pas tout de suite. C'est le midi. Il n'est que 8 heures.

– D'accord.

J'entre dans une chambre, pose les cachets sur la table, ouvre les volets, entrebâille la fenêtre, déplie *Le Figaro* du matin que je dépose sur la table de nuit. Me penche sur ma petite Mme Laringau pour lui souffler dans l'oreille qu'il faut se lever. Elle grogne. Cool, elle est encore vivante. Une des rares à qui je peux parler ici, ce serait dommage. Alors que je referme sa porte, j'entends pour la troisième fois :

– C’est maintenant que vous me donnez mon Tardyferon ?

– Pas tout de suite, madame Bistre, pas tout de suite. C’est le midi. Il n’est que 8 h 30.

– D’accord.

9 heures

Troisième étage : rayon culottes du BHV. Je me fais la blague tout seul dans ma tête quand j’appuie sur les boutons de l’ascenseur, et parfois je la fais aux familles, qui sourient avec politesse, comme si elles ne l’avaient jamais entendue auparavant. Moins de chambres en montant les étages, mais elles sont plus grandes, plus chères.

Un oxygène qui n’arrive pas dans ses narines, forcément que Mme Oscarson ne se sentait pas bien : le tuyau a été arraché de la prise et fuit dans le couloir depuis quelques heures ! Une cigarette allumée et... pan, l’immeuble ! À part le veilleur de nuit du mois dernier, mis à la porte le deuxième soir car il fumait en changeant les couches des vieux, il ne viendrait à l’idée de personne de travailler la clope au bec, non ? Alors que je me représente la scène, je suis surpris et sursaute, je ne l’avais pas entendue arriver derrière moi :

– C’est maintenant que vous me donnez mon Tardyferon ?

– Pas tout de suite, madame Bistre, pas tout de suite. C'est le midi. Il n'est que 9 heures. Sortez de cette chambre, s'il vous plaît !

– D'accord.

9 h 15

J'arrive en retard pour le café et je n'ai droit qu'à un fond de tasse, un vieux croissant caoutchouteux et une demi-fesse au repos. J'en profite pour me remonter le pantalon blanc qui n'arrête pas de glisser, l'élastique à la taille de mon uniforme datant de mes études – il serait temps d'investir dans du neuf. Discrètement, je regarde mon entrejambe pour savoir de quelle couleur est mon slip du jour. Quand il est blanc, je peux perdre mon falze sans problème, on ne se rend compte de rien. Quand il est rouge, ça fait un peu trop « djeuns » et je déteste ça. Ah, la mode des jeunes ! Quelle idée saugrenue que de vouloir montrer le haut de son cul à tout le monde ! *Elle* entre dans la salle de détente et ne tarde pas à se faire tancer par la directrice.

– C'est maintenant que vous me donnez mon Tardyferon ?

– Pas tout de suite, madame Bistre, pas tout de suite. C'est à midi que l'infirmier vous le donnera. Sortez, s'il vous plaît, nous sommes en réunion.

– D'accord.

9 h 30

Le médecin arrive et veut faire le tour des résidents. Les aides-soignantes réclament de l'aide pour les pesées. L'accueil signale que des enfants veulent savoir comment se passe l'intégration de leur père. Mon téléphone sonne sept fois. Une dame au quatrième insiste pour avoir son traitement que soi-disant je ne lui aurais pas donné (je descends au deuxième, vérifie qu'elle a raison, regrimpe au quatrième, lui donne, elle me précise qu'elle a aussi une ampoule de magnésium, je descends au deuxième, n'en trouve pas, pars au sous-sol, dans la réserve, plus qu'une en stock, remonte au rez-de-chaussée faxer une commande à la pharmacie, puis, lassé d'attendre l'ascenseur, grimpe quatre à quatre les marches pour lui donner dare-dare son ampoule et redescends au premier étage, à pied toujours, continuer la visite), ça m'arrive d'oublier de donner des médocs, ouais. Rarement, mais ça m'arrive.

10 heures

Un deuxième médecin se pointe et veut savoir ce que je pense de sa patiente au quatrième. Rien. Je n'en pense rien, je suis avec le premier médecin et on se demande si Mme Royal va passer l'heure, désormais. Le deuxième médecin insiste, alors je sors en courant donner mon avis, mais je suis arrêté dans le couloir :

– C'est maintenant que vous me donnez mon Tardyferon ?

– Pas tout de suite, madame Bistre, pas tout de suite. C'est le midi. Il n'est que 10 heures.

– D'accord.

Quatre à quatre, les marches, arrivée en chambre, trop tard, le médecin est déjà parti. Okédakor.

10 h 05

Dilemme : soit continuer la visite et comprendre ce que va prescrire le toubib ou sinon option hiéroglyphes à décrypter une heure plus tard, mais je ne suis pas Champollion ; soit remonter faire le pansement du troisième qui suinte, suinte, suinte tant et plus. L'élève infirmière m'assure qu'elle peut le faire toute seule, mais j'aimerais voir la tête de la plaie, quand même. Téléphone, appel de la chambre 205 :

– C'est maintenant que vous me donnez mon Tardyferon ?

– Pas tout de suite, madame Bistre, pas tout de suite. C'est le midi. Il n'est que 10 heures. Et je ne veux pas que vous téléphoniez de la chambre d'autres personnes. Sortez tout de suite de chez Mme Gouilard !

– D'accord.

10 h 15

Pansement bien crade et infecté, j'ai eu le nez fin de venir voir ça, il faut d'urgence la mettre sous antibio. Ça pue à deux mètres, j'ai des gouttelettes de pus jaune verdâtre qui ont giclé sur les poils de mon avant-bras quand j'ai percé la cloque. On dirait un morceau de fondue au caramel qui baigne au fond du trou, avec un bout d'os, façon pointe de blanc chantilly. J'ai à peine le temps de déchirer trois compresses pour éviter de fiche du pus partout que le téléphone sonne. « Aaaaaaaaaah ! » que je gueule sauvagement, intérieurement pour ne pas faire peur à la dame, mais non, la sonnerie ne va pas s'arrêter grâce à mon cri. De rage, je balance mes gants par terre et je décroche :

– QUOI !

– Ça y est, elle est morte, Mme Royal.

– Parfait. Écoute, je finis et j'arrive.

– Tu ne descends pas tout de suite ?

– Non, je ne descends pas tout de suite.

– Mais elle est morte !

– Eh ben alors ? C'est plus une urgence, maintenant ! Tu la laves, tu la prépares, la pomponnes un peu, tu la rends belle pour la famille et moi, je finis mon truc, je les appelle et je serai avec eux quand ils débarqueront, d'accord ?

– Pff...

– Tu veux plutôt que je te hèle une calèche et te

prête une robe de soirée pour partir au bal des débutantes ? Tu crois que je me branle la nouille en chantant du France Gall, pendant ce temps ?

– Non.

– Alors on fait comme j'ai dit.

Punaise, mais c'est pas dur à comprendre, que j'ai besoin d'avoir un quart d'heure à moi sans être interrompu, non ? Je rêve ! En sortant, le téléphone sonne de nouveau et je fais un stop avec la main, car en face de moi j'entends :

– C'est maintenant que vous me donnez mon Tardyferon ?

En me tournant vers le mur pour être tranquille, j'entends la secrétaire me chuchoter :

– La famille de la morte est là, ils croient qu'elle est vivante, je les bloque depuis cinq minutes mais ils sont pas au courant, descends, descends !

10 h 40

Après avoir parlé à la famille, leur avoir trouvé des chaises et du café chaud, je m'autorise cinq minutes à moi, juste à moi. Direction pipi-room. Enfin seul.

10 h 42

D'une main je tiens mon téléphone qui vient de sonner, de l'autre je gère ma miction.

– Oui ?

– La comptable demande si tu as rempli les bons pour la pharmacie et si c'est non, il les lui faut avant midi, on est le 30 du mois.

– Ça peut pas attendre ?

– Non.

10 h 52

(Mains lavées.) Je mets de côté les factures et me rends compte qu'une ambulance commandée pour 10 h 30 n'est toujours pas arrivée. Appel au central qui se confond en excuses et m'annonce qu'ils ont oublié. Appel au médecin pour annuler le rendez-vous. Appel au résident pour lui confirmer qu'on reporte et lui demander une nouvelle date qui l'arrange. Appel au médecin pour la nouvelle date. Appel à l'ambulance pour lui donner l'heure du nouveau rendez-vous.

11 h 15

Les repas ne pourront être servis à midi, le cuisinier intérimaire est rentré chez lui. Pourquoi ? Parce que.

Une fille du ménage qui a des notions de cuisine s'en occupe. OK, OK, OK.

11 h 30

« L'ascenseur de gauche est en panne, prenez celui de droite » était écrit en gros sur les portes, mais une aide-soignante plus allumée que les autres a décidé de ne pas perdre de temps. Puisque le monte-charge autorise cent dix kilos, que les fauteuils y passent, je la surprends en train de pousser le fauteuil de M. Vioux dedans. Glapissement d'effroi. Explication musclée. Ascenseur en panne, équipe réduite, fatigue nerveuse. À ce moment-là, la question qui fait plaisir, dans mon dos :

– C'est maintenant que vous me donnez mon Tardyferon ?

– Pas tout de suite, madame Bistre, pas tout de suite. C'est le midi.

– D'accord.

11 h 40

L'élève aide-soignante vient d'obtenir son diplôme, quelque part dans une chambre, au-dessus de ma tête. Je le sais puisqu'elle vient de se tordre la cheville en descendant l'escalier trop brusquement pour nous l'annoncer. Son sabot a glissé, elle a voulu se rattraper à la rampe, qu'elle a ratée complètement. Crac, boum, hue ! Larmes, douleur, on me demande un avis minute, un diagnostic minute, un remède minute. J'aperçois au loin le médecin coordinateur qui arrive, serviette en cuir sous le bras : je lui refile la gamine.

12 h 17

Je me penche vers Mme Bistre pour lui filer son Tardyferon. Elle secoue la tête :

– Mais je n'ai pas de cachets, moi, monsieur.

– Madame Bistre, vous avez un Tardyferon le midi.

– Vous êtes sûr ?

– Oui. Tenez.

– Je le prends, alors ?

– Oui.

– Avec du vin ?

– Je m'en fiche, avalez avec ce que vous voulez, mais avalez.

– Pourquoi pas avec de l'eau ?

– Avalez, madame Bistre.

– C'est pour moi, ce médicament ?

– Oui.

12 h 30

Fin de la distribution des médicaments. Alors que je me penche sous l'évier pour attraper un verre, juste envie de boire un peu d'eau fraîche, là, tout de suite, j'entends une voix derrière moi. Je me retiens pour ne pas lui faire de mal. C'est pas sa faute. C'est Alzheimer.

– C'est maintenant que vous me donnez mon Tardyferon ?

Je finis à 18 h 30. Plus que six heures.

2.

Mais avec plaisir, je vous en prie

Cent fois par jour, elle sonne. Cent fois, peut-être plus, qu'est-ce qu'on en sait, on a perdu le compte. Tout le monde y passe, au moins une fois en arrivant, puis selon nos humeurs, notre fatigue, notre humour, nous nous refilons le bébé, pour ne pas la crucifier dans sa chambre. L'exploser contre le mur. La massacrer à coups de fauteuil roulant, des bouts de crâne un peu partout, du sang sur les murs, de la cervelle sur la table de nuit, mais enfin le soulagement de ne plus entendre encore une fois cette même phrase :

– Excusez-moi de vous déranger mais...

Cette fois-ci, c'est moi qui suis le plus proche. Je distribue les cachets dans le couloir, par ordre croissant des chambres, aucun intérêt. Je dois ouvrir le classeur des prescriptions, vérifier qu'il est chaque jour signé par l'interne en arrivant le matin, sortir le casier des médicaments, le renverser sur mon chariot et, un à un, comparer le nombre de médicaments à l'ordonnance. Deux Zanipec, une Médiascorbine, un sachet de Fulmigel. Plus le patient est vieux, plus la liste est longue. Plus la liste est longue, plus les erreurs sont fréquentes. Je suis indulgent, la préparation se fait de nuit et la veilleuse a beaucoup à faire. Lorsqu'à 3 heures du matin il faut préparer les piluliers, en frissonnant, parfois le regard se perd dans le vide un instant et on oublie tout de la raison de notre présence. Le temps se liquéfie. On n'entend plus un bruit. Sur la route, à cent trente, la mort serait au bout de la bande d'arrêt d'urgence. Mais dans le service, en préparant les piluliers, la faute d'inattention est moins grave. On dépose un petit rouge alors qu'il y est déjà. On saute une ligne, voire deux. On remet le casier à côté des quarante autres en soupirant, calculant mentalement le nombre qu'il reste à préparer. Plus que dix-huit. Cinq minutes pour chacun. Si ça ne sonne pas, dans deux heures j'ai fini. Allez.

Cet après-midi-là, alors que je me concentre pour n'oublier rien ni personne, la sonnette de la mère Frugal se déchaîne. Les filles y sont toutes allées plusieurs fois. Maintenant, c'est à moi. Mes collègues passent la tête dans le couloir, attendant de me voir faire un geste désabusé signifiant que j'accepte la sinécure. J'abandonne mon comptage, je tousse un coup, frappe à la porte et rentre dans la chambre. La télé est à fond, le son si fort que j'ai du mal à rester près du poste. Je souris mécaniquement :

– Oui ?

– Excusez-moi de vous déranger mais je voulais savoir à quelle heure le médecin allait passer.

– Madame Frugal, je vous ai déjà expliqué que la sonnette est une facilité réservée aux urgences. Vous ne devez l'employer que pour des raisons sérieuses.

– Mais c'est sérieux ! Je veux savoir à quelle heure le médecin passe.

Je prends une grande inspiration, tâchant d'agrandir un peu plus mon sourire d'hôtesse d'accueil au Salon de l'agriculture, stand bovins et amibes mononeuronées :

– Comme hier, comme le jour d'avant, comme toute la semaine passée et comme depuis votre arrivée ici le mois dernier, personne, je dis bien personne, n'est en mesure de vous dire précisément à quelle heure le médecin fera sa visite ce soir. Il décide lui-même de son heure d'arrivée.

– C'est un monde ! Pourquoi ne pas en convenir avec les patients qui attendent en vain ?

– C'est la fonction du patient, tout est contenu dans le nom, madame Frugal. « Patient » : patience.

– Mais donnez-moi une fourchette !

– Je ne peux pas le faire.

– C'est un monde ! On se fiche de nous ! Comment pouvez-vous arriver à travailler dans de telles conditions ?

– Ce sont les interruptions inutiles qui me gênent le plus, pour tout vous avouer.

Elle ne relève même pas. Elle reprend :

– Mais il ne s'intéresse pas à nous ! On souffre !

– Je vous assure que le Dr Carlson est parfaitement au courant de votre situation et qu'il fera le maximum ce soir, comme hier, comme la semaine dernière, comme tous les jours depuis votre arrivée, pour vous aider à mieux aller.

– Mouais.

– Maintenant, avant de vous quitter, car je dois continuer à distribuer les cachets aux autres patients, y a-t-il quelque chose que je peux faire pour vous dans la chambre ?

Elle prend un immense temps de réflexion, qu'elle fait durer pour le plaisir de me voir sortir de mes gonds, plaisir que je ne lui accorde pas, bien sûr, puisque, pour me calmer, je chante l'alphabet dans ma tête, lentement, sur le premier air qui me traverse l'esprit. D'un mouvement de la main, elle me montre la porte.

– Vous pouvez vous en aller, je n'ai besoin de rien. Et excusez-moi de vous avoir dérangé.

– Mais pas le moins du monde, madame Frugal.

Je ferme la porte, en douceur, je me dirige vers le chariot de soins et je reprends mon compte. Un Lastirix 100, deux Athorinox, un sachet de Laxoselle et... ça resonne. Chez la mère Frugal. Même pas trois minutes après mon départ. Je repose mes cachets. Je frappe doucement, j'entre, sourire mécanique sur les lèvres.

– Oui ?

– Encore vous ?

– J'étais le plus proche, madame Frugal.

– Excusez-moi de vous déranger mais je voudrais que vous me baissiez le store, je vous prie, j'ai le soleil dans les yeux.

– Vous ne l'aviez pas il y a trois minutes ?

– Non. Il y a trois minutes, c'était supportable.

– D'accord.

Je m'approche de la fenêtre, baisse le store qui pèse une tonne en tournant la manivelle qui n'a pas été graissée depuis l'invasion de la Pologne, au moins. Sans me tourner, je lui demande :

– Vous me direz stop, s'il vous plaît ?

– Oui, oui...

Je continue à tourner la manivelle et le store descend. Arrivé presque en bas, alors que la chambre est plongée dans l'obscurité, je l'entends me dire :

– Excusez-moi de vous déranger mais je n'y vois plus rien, là, vous voulez que je déprime ?

– Je vous ai demandé de me dire stop quand ça ne vous convenait plus.

– Vous allez trop vite ! Je n'ai rien eu le temps de dire ! Remontez-le... Encore... Encore... Stop ! Descendez-le... Un peu plus... Un peu plus... Voilà...

– Ça vous va ?

– Disons que je vais m'en contenter.

– Tant mieux. Maintenant, avant de vous quitter car je dois continuer à distribuer les cachets aux autres patients, y a-t-il quelque chose que je peux faire pour vous dans la chambre ?

– Non.

Elle sonne quatre fois encore avant l'arrivée de Carlson, mais je ne peux plus, je ne peux plus, j'ai fait ma BA du jour, alors on envoie les élèves infirmières qui ne semblent jamais se lasser, elles.

Carlson me salue et me demande de faire le tour des chambres avec lui, en prenant notre temps. Il est jeune, très sympa, d'origine suédoise, je m'entends bien avec lui. Arrivés devant la chambre de la mère Frugal, il hésite, puis la dépasse sans s'arrêter.

– Euh, Magnus, on ne fait pas Mme Frugal ?

– Non. Elle me gonfle, elle n'a plus rien, elle reste hospitalisée parce que sa fille ne peut pas la prendre ou ne veut pas la prendre chez elle. Théoriquement, elle devrait être sortie depuis deux semaines. Je n'ai plus rien de *thérapeutique* à lui proposer. On saute la chambre.

– Elle va péter un câble.

– Ce n'est pas grave.

– Vous dites ça, mais c'est nous qui allons voir passer le typhon... Elle va être ignoble... Qu'est-ce qu'on va lui dire si elle demande pourquoi vous n'êtes pas passé ?

Il réfléchit un instant. Puis me jette, en parcourant le dossier de la chambre d'en face :

– Dites-lui que j'ai dit qu'elle était « trop chiante ».

– Pardon ?

– Elle est « trop chiante ». Je ne passe plus.

– Magnus, vous me demandez de lui répondre, je

cite, qu'elle est « trop chiante » si elle me demande pourquoi vous...

– Voilà... voilà... Alors, M. Alberto, il a saigné ou pas ?

– Magnus, je vais lui répéter exactement ce que vous venez de me dire, vous savez...

– C'est le but.

Il frappe à la porte. Sourit en entrant.

– Monsieur Alberto !

– Docteur !

– Comment ça va ?

Ce fut Marie-Jo qui eut l'honneur de lui dire, après d'âpres discussions en salle de repos, jeune équipe contre vieille équipe. Elle avait répété, mot pour mot, la porte ouverte, et nous derrière, tous tassés dans le couloir, à partager ce moment de bonheur. La surveillante avait passé deux heures à calmer la mère Frugal, qui avait fait ses bagages deux jours après, hystérique, menaçant d'envoyer des lettres avec AR à toutes les instances françaises, européennes, l'ONU, les droits de la femme ou monseigneur Gaillot, pas moins.

Sept mois plus tard, en lisant les avis de décès dans le journal local (notre activité la plus saine, au café), nous tombons sur celui de la mère Frugal. Sans même nous concerter, sans hésiter une seule seconde, la dernière bouteille de champ avait été ouverte et bue sur-le-champ, là, il n'était même pas 11 heures du matin. Je m'étais resservi plein de fois, buvant cul sec, en trinquant avec tout le monde, levant mon verre bien haut en l'honneur de la Justice éclairée, enfin descendue parmi nous en ce bas monde.

3.

Mommie Dearest

C'est le pédiatre, un jour, qui le premier s'étonne, lors d'une réunion du staff, provoquant la colère au sein de l'équipe. Les infirmières sont encore à cette époque les préparatrices des chimios, qui nous sont livrées par la pharmacie. Nous recevons différentes poches de produits liquides que nous devons mélanger dans de grosses seringues, sous une hotte aspirante, protégés par des lunettes, une surblouse, des gants. Je me suis toujours demandé comment une veine pouvait supporter ce que la peau rejetait : une seule goutte tombée sur ma main et j'étais brûlé. Un demi-litre passé en perfusion permettait de guérir du cancer, en de longs mois. Impressionnant, le corps humain.

Le pédiatre pose juste une question :

– Mais enfin, avec les doses qu'on lui administre, on devrait voir quelque chose, des résultats probants ! Vous ne vous trompez pas, quand vous faites les mélanges ?

Le poulailler s'émeut immédiatement :

– Comment osez-vous ? Non mais ça ne va pas ? Si on se trompait ?! Depuis le temps qu'on les prépare ! Quel culot ! Évidemment, la thérapeutique est en échec, alors c'est notre faute, une fois de plus ! Ah ça, ça ne vient jamais des médecins !

Le pédiatre-chef pousse un grand cri rauque :

– Oooooooh, ça suffit ! Il ne vous accuse pas, il pose une question ! Les bilans sanguins indiquent que les produits n'ont aucune efficacité. Pire, on dirait qu'ils n'ont jamais été injectés ! Nous ne disons pas que vous ne faites pas votre travail, nous menons juste une enquête. Cette enfant a un cancer, la chimio ne donne aucun résultat, les bilans prouvent que les doses n'ont pas été passées, nous posons une question : y a-t-il un problème à la préparation ?

Nous redoublâmes de vigilance. Désormais, et quel que soit le bazar engendré dans le service, nous étions trois dans le poste de soins à préparer les perfusions de chimio : pendant que l'une faisait les gestes, les deux autres surveillaient ses mains, les dosages, les millimètres cubes. Rien ne pouvait nous échapper. À la fin, dégoulinante de sueur, la Sylvie ôtait sa calotte et nous regardait, triomphante :

– Si avec tout ça le toubib reste persuadé que ça vient de nous, je lui colle une taloche !

Visiblement, un truc devait nous échapper dans le « process », comme on dit. La gamine périclitait, sa tumeur à l'abdomen grossissait à vue d'œil, sa mère nous jetait de sales œillades et les médecins se perdaient en conjectures. On parlait de la faire partir sur Paris, si son état le permettait encore, on faisait des conférences téléphoniques pour parler du cas. Un jour, l'un des deux pédiatres, au café, émit publiquement un doute sur nos capacités : peut-être que nous n'étions pas si bons, finalement, peut-être que la réputation du service était usurpée. Tout le monde l'avait regardé, stupéfait : on faisait quand même jusqu'à trois heures de route pour venir se faire soigner chez nous, ça voulait dire quelque chose ! Des internes de la capitale demandaient un stage dans le service, tout de même !

Ce fut l'aide-soignante de nuit qui découvrit le pot aux roses. Toujours parano – jusqu'à l'excès souvent, si chiante qu'on l'appelait la Folle tellement elle vérifiait tout et son contraire –, des heures durant elle entreprit de surveiller la chambre. Comme elle ne pouvait pas laisser la porte ouverte, un soir, elle sortit du service par la porte de derrière et longea le mur, sur la pelouse. Nous étions au rez-de-chaussée. La gamine fermait doucement les yeux devant un programme du samedi soir. La dose puissante de somnifères qu'on lui administrait en partie pour lui faire oublier sa douleur lui permettait au moins, maigre répit, de dormir sans souffrir.

L'aide-soignante n'eut pas à attendre longtemps. Sans se douter qu'elle était épiée, la mère se leva, prit la perfusion, qu'elle arrêta, détacha la poche et se dirigea vers l'évier. Elle vida totalement la chimio, rinça avec un peu d'eau puis revint dans la chambre. De son sac à main, elle sortit une autre poche, identique à la première, qu'elle brancha sur la perfusion et dont elle régla le débit à l'identique. Elle se rassit et reprit la lecture de son livre. Moins d'une minute s'était écoulée.

Le pédiatre fit répéter dix fois Huguette, qui ne varia pas d'un pouce dans sa version :

– Docteur, je sais ce que j'ai vu. Ça s'est passé comme ça, et pas autrement.

– Huguette, c'est très grave ce que vous dites. Je vous préviens, si vous maintenez votre version, je vais devoir en référer aux autorités.

– Écoutez, docteur Perinaud, je vais vous dire, on va faire plus simple encore. Je vais au commissariat de suite et je raconte l'histoire moi-même, d'accord ? Faites comme si de rien n'était et on verra bien ce que les flics décideront.

– Huguette... Je ne sais pas si vous réalisez dans quel merdier nous allons tous être...

Huguette réalisait bien, mais depuis le décès de sa mère, l'année passée, elle était seule à ruminer son surpoids, son célibat, son salaire ridicule et ses années passées au service des autres. Plus que huit avant la retraite. Et puis quoi, après ? Elle me faisait un peu mal au cœur, Huguette.

Les flics dénouèrent vite l'histoire, sordide. Le type qui venait deux fois par semaine n'était pas l'oncle de la petite mais le gourou d'une association pour la « liberté de soins », un truc de « naturopathie ». À bas les médocs, à bas les chimios, à bas les transfusions. Il donnait à la mère des poches pleines d'un liquide préparé par une sympathisante, pharmacienne : de l'eau, du sucre, trois gouttes de mélisse, que sais-je, rien ou presque, quoi.

La mère lui donnait trois mille francs par semaine. Il lui avait promis de guérir sa fille.

Ils se firent arrêter illico. Le père de la petite était à l'étranger, je ne me souviens pas, en tout cas plus personne ne passait dans la chambre.

La gamine est partie « dans d'atroces souffrances », comme on dit pudiquement. Elle recevait des doses de cheval pour l'abrutir et la soulager, mais elle se tordait quand même, son corps traversé de spasmes, le visage crispé et rouge, en poussant des gémissements atroces qui nous faisaient fuir la chambre quand nous passions devant. L'agonie fut lente et solitaire.

Quand elle reprenait conscience, elle appelait sa mère.

4.

L'interne était presque parfait

Mmm, Renaud l'interne, comment il est trop adorable, avec sa grande blouse blanche toute tachée d'encre, ses livres épais dans les poches, sa règle pour mesurer les angles d'ouverture au genou (ne me demandez pas le nom), ses dizaines de fiches sur tout et rien, ses grandes lunettes rondes. Il a les cheveux en bataille, des taches de rousseur sous les yeux, bleus les yeux, d'un beau bleu outremer. Il sent bon. Il sourit tout le temps, tout le temps, il n'est jamais pressé. Il porte un petit 501, des Converse, une chemise à carreaux. Il déjeune d'une pomme. Il m'appelle par mon prénom et ça me fait du bien au moral. C'est simple : tout le monde est amoureux de lui.

Son métier est difficile, il l'apprend sur le tas. Il fait la visite avec le médecin-chef (qu'il nomme « le Patron ») et, en entrant dans chaque chambre, il doit présenter le patient, la pathologie. Le Patron l'écoute, hoche la tête, pose des questions que même Pic de la

Mirandole hésiterait dessus, et Renaud, lui, il rougit, il hésite mais il répond. Oh, là, là, qu'il est attendrissant, quand il répond ! Souvent le Patron lui demande d'ajouter un gramme d'antibio ou de programmer un examen complémentaire, alors Renaud le note sur le cahier et puis ensuite on passe à la chambre suivante.

Un jour, le Patron arrive, furieux, et il me gueule dessus, sans passer par la case « relation sociale standard dans société humaine hiérarchisée » :

– Mais bordel de con, tout le monde marche sur la tête dans ce service, ou quoi ?! J'avais demandé expressément hier qu'on perfuse le type, qu'on lui passe son antibiothérapie en IV et qu'on voie pour une transfusion demain. Pourquoi ça n'a pas été fait ?

Je meurs de peur dans mes sabots blancs, je me vois déjà en cour d'assises, habillé de noir, pleurant dans mon mouchoir face à un juge teigneux. Je me jette sur le cahier pour chercher une trace de la prescription, mais je ne le trouve pas, ce foutu cahier, qui pourtant est toujours rangé dans le poste de soins... Je fouille, je soulève, je peste et j'entends le Patron derrière qui hurle et part en claquant la porte. Super mal à l'aise, je me pose une seconde pour réfléchir. Je reste persuadé de n'avoir rien vu de particulier prescrit ce matin à mon arrivée, sinon je l'aurais noté en rouge et souligné. Une perfusion sur mon secteur, une perfusion en cours, ça se surveille, ça se sait, ça se note. Je demande à ma collègue d'en face si elle est au courant, elle me répond que non, pour elle, il n'y avait pas de perf de prévue la veille.

Étrangement, le cahier réapparaît dans l'après-midi et, à mon grand désarroi, la prescription est bien là, en toutes lettres, datant bien de la veille. C'est donc un oubli total de ma part. J'en suis malade comme un chien, je vais pour présenter mes excuses au Patron, qui m'expédie en deux secondes sur la surveillante. On verra bien en fin de mois si mon contrat est renouvelé (fonctionnaire en CDD, vous ne le saviez pas, hein, mais nous sommes des milliers...). Gentil Renaud me console en me disant que les erreurs, ça arrive. Il me masse les épaules, même, et j'en viens à oublier mes soucis.

Dans la soirée, la fille qui travaillait la veille appelle pour dire qu'elle est malade, ne pourra pas venir le lendemain, blablabla. J'en viens à lui parler de mon oubli et elle me coupe tout de suite :

– Attends, il n'y avait rien de marqué dans le cahier hier soir quand je suis partie. Le Patron l'a dit à l'oral mais Renaud ne l'a pas marqué. Moi, si ce n'est pas marqué, je ne le fais pas, désolée, ce n'est pas mon métier, je ne pose des perfusions que sur prescription médicale. Méfie-toi de Renaud, je suis sûre qu'il l'a ajouté en douce ce matin, après être passé dans la chambre, il a dû se rendre compte qu'il avait oublié de le noter la veille...

– Non ?! Bah, t'es parano, il est adorable ! Il me l'aurait dit ! C'est pas le genre à faire ça, non ?

– Méfie-toi, je te dis, méfie-toi.

Deux jours après, à la visite, le Patron prescrit une prise de sang à jeun pour un patient ; je vois Renaud hocher la tête et ne pas le marquer de suite. Je me dis que je vais le lui rappeler pour ne pas qu'il oublie et puis... non... j'attends un peu pour voir. En fin de soirée, au moment de partir, je vérifie et effectivement il ne l'a pas noté dans le cahier. Conséquence : demain personne ne saura qu'il y a un bilan à piquer. Puisque l'ordre oral n'a pas été retranscrit, puisque je ne suis pas censé avoir entendu, faisant à ce moment-là tout autre chose dans la chambre... et puisque je ne serai pas là le lendemain matin, l'examen passera à l'as. Test.

Banco.

En arrivant à midi, je trouve l'équipe en crise. La fille du matin s'est fait traiter de tous les noms parce qu'elle n'avait pas piqué un malade, elle a juré que rien n'était écrit dans le cahier en arrivant. Il y avait bien une prescription à son arrivée sur le cahier, en bas de la feuille : une radio des poumons, mais pas de prise de sang, apparue comme par magie, juste au-dessus, deux heures plus tard. Elle jure sur la tête de son enfant que cette phrase n'y était pas, qu'elle a été écrite après, elle jure qu'elle n'a pas sauté une ligne, qu'elle n'aurait jamais pu oublier un truc pareil. Elle l'explique cent fois : ce matin, en arrivant, il y avait juste écrit « radio des poumons » et maintenant, dans le cahier, il y a bien écrit, en toutes lettres, « radio des poumons », mais une ligne plus haut on trouve aussi « prise de sang NFS Iono TP TCK », le tout signé Renaud, de la veille.

Ce dernier a fui au réfectoire. L'équipe est très partagée, une moitié soutenant l'infirmière, la croyant quand elle déclare ne rien avoir vu en arrivant, l'autre moitié haussant les épaules, soutenant qu'elle est familière du travail à moitié fait, cette feignasse.

Je suggère une chose. Dorénavant, lorsqu'une prescription sera notée dans le cahier, dès que l'un d'entre nous l'exécutera, il tracera un trait noir un demimillimètre au-dessous, signera, puis mettra la date et l'heure à côté du nom. Un second trait noir sera également tracé au-dessus de cette prescription, rendant tout (hypothétique et magique) ajout aussi visible qu'une trace de doigt d'éléphant sur la baie vitrée de mon salon.

Tout le monde approuve.

Ce fut la fin du règne de Renaud. Il passa une fin de stage épouvantable, pleurant régulièrement de rage de se faire rabrouer par le Patron, traiter d'incompétent par les infirmières et de « nullité absolue » par ses collègues internes.

Le type est devenu dermato. Là où il est, au moins, il ne pourra tuer personne.

5.

Mme Charnel

Elle a soixante-sept ans. Et moi, vingt-cinq. Elle me sourit, de toutes ses fausses dents, chaque fois que je rentre dans sa chambre. Me gourmande.

– Oh, vous êtes déjà là ? Mais je n'ai pas eu le temps de me faire belle, minaude-t-elle avec un petit rire de gorge.

Elle finit de se maquiller, rapidement, se regarde dans son petit miroir, puis de nouveau me sourit :

– Oh, mais vous êtes allé chez le coiffeur, William ?

– Oui.

– Regardez-moi comment il est tout mignon, tout propret, avec sa petite barbe naissante, ses deux beaux yeux verts et ses grands bras musclés !

– Je ne suis pas musclé.

– Mais si, mais si...

Elle rit de nouveau.

– Bon, je vous sonne le brancardier, c'est l'heure de la kiné, madame Charnel, il va falloir y aller...

– Attrapez-moi le parfum, je vous prie.

Alors que je le lui tends, elle caresse ma main une petite seconde avant de saisir la bouteille. Elle hoche la tête, satisfaite :

– Oh, qu'il a la peau douce !

– Partout. Pas qu'aux mains ! Allez, hop, à la kiné, mémé !

– Haaaaaaaaan ! Mais il est atroce ! Qu'est-ce que vous venez de dire ?

– « Mémé » !

– Mais vous êtes un mufle !

– Non, je suis un jeune homme dragué par une dame qui a l'âge exact de sa grand-mère.

– Et alors ? Ça vous empêche d'être gentil avec les femmes ? Vous pourriez faire un effort, tout de même !

– Madame Charnel, tous les matins depuis deux mois vous me draguez lourdement. Aujourd'hui, je vous dis juste que je n'ai pas l'âge pour tomber dans vos bras.

– Si vous saviez, mon petit, si vous saviez... La mère Charnel pourrait vous réserver des surprises. Allez ! Dehors le mufle, il sort de ma chambre !

Elle n'a pas l'air spécialement en colère, mais au moins elle me fichera la paix, ce matin. Alors que je croise en sortant Jérôme, le jeune brancardier, lui faisant un clin d'œil, j'entends la voix de Mme Charnel, toute chatte, s'extasier :

– Oh, vous êtes déjà là ? Mais je n'ai pas eu le temps de me faire belle !

– Pas grave, m'dame, on descend en kiné. Pas besoin d'être belle pour la rééducation, vous allez suer comme une vache, après votre maquillage il coule, on dirait un animal, vous savez...

– Paaaaaaardon ?

– UN RATON LAVEUR ! que je crie du couloir.

– Ooooooh, les mufles !

*

* *

– Williaaaaaam, j'ai mal, là !

– Où ça ?

– Là !

Elle m'indique un point juste au-dessus du sein gauche.

– Montrez-moi.

– Oh, vous me gênez, je ne sais pas si je peux, dit-elle en arrachant presque son chemisier prune à boutons dorés. C'est ici, c'est là...

Je me penche sur ses vieux seins et observe ; je ne vois rien de particulier. Elle reprend :

– C'est quand j'inspire, figurez-vous que ça me fait tout un point de côté, là...

Elle me remontre son sein.

Je tends le doigt.

– Là ?

Elle saute sur ma main et la plaque contre sa poitrine.

– Oui, là ! Vous ne sentez pas la petite boule contre votre paume toute chaude ?

– Je sens surtout que vous me broyez les phalanges, madame Charnel.

– Il me faudrait un massage à la Biafine, je crois, dit-elle en joignant la parole au geste, massant de ma paume compressée le haut de sa poitrine en poussant de petits cris discrets. Hi... hi... voilà... Hou là là... Que ça fait mal... Hou là là là...

– Bon, ça suffit, ces bêtises !

Je tire comme un fou sur ma main pour me défaire du piège et, y arrivant enfin, je croise le regard outré de Mme Huguero, sa voisine de chambre, qui fait toc-toc de son index sur sa tempe, me signifiant, comme si je n'avais pas encore compris, que la mère Charnel a un train neuronal à grande vitesse installé entre son entrejambe et sa tête dont je viens de siffler le signal du départ.

Le Dr Magnus Carlson éclate de rire quand je lui raconte. Il savoure mon anecdote, mon air penaud, mais sent le début d'agacement infirmier qui va vite empoisonner l'atmosphère s'il n'intervient pas. En se penchant sur son tiroir, il saisit une ordonnance, griffonne deux mots et me la tend.

– C'est quoi ?

– Lavement. Trois litres. Tu lui fais demain et tu lui expliques qu'elle doit avoir le côlon plus transparent que les rideaux en coton blanc de chez ma mère.

– Un lavement ? Mais elle est en rééducation pour une prothèse de hanche... Elle va pas comprendre...

– Ce sont les ordres du docteur. Elle se plaint de constipation chronique depuis deux mois, ça va la déboucher... et elle aura surtout beaucoup moins de désir pour toi quand elle t'aura montré ses fesses dégoulinantes assises sur une bassine en fer pendant trois heures, à boire une solution au fer noir dégueulasse. Elle va péter et déféquer devant toi toute la matinée. Tu vas voir, ça m'étonnerait qu'elle t'embête après ça.

Effectivement, elle avait gueulé comme un putois, la vieille carne. Mais elle s'était calmée.

*

* *

Le jour du départ, je la vois avancer lentement, avec sa canne, vers l'ascenseur. Je donne les papiers à sa fille, souris mécaniquement en appuyant sur le bouton d'appel et me penche vers la mère Charnel pour lui serrer la main.

– Oh, même pas une petite bise ? Allons, allons, William, c'est le dernier jour !

Je souffle. Hésite. Bah, après tout, puisqu'elle s'en va !

Je m'incline vers elle pour l'embrasser, elle pose sa canne contre le mur, tend ses bras et, alors que je lui claque la bise, me prend vigoureusement les fesses de ses deux mains, qu'elle malaxe deux bonnes secondes, alors que je reste scotché, comme une andouille surgelée, totalement médusé, à la regarder faire.

Victorieuse, elle me fait un clin d'œil et recule vers l'ascenseur :

– Ça, c'est pour le lavement ! Ah, depuis le temps que je rêvais de le faire !

Sa fille avait la bouche encore plus grande ouverte que la mienne.

6.

Vent frais, vent du matin

Je redoute ce moment depuis quatre jours déjà. Comme un idiot, pour ne pas oublier à quel point elle était sale, j'ai écrit « CRAD » dans la case « particularité » de son dossier informatique. J'avais une explication si on me demandait : « CRAD », c'est pour « compte rendu à docteur », absolument, son médecin se plaignant de ne jamais recevoir mes observations après mes passages. Tous les six mois.

Nous y passons tous les six mois, et voilà, j'ai eu beau prétendre oublier, compter les ponts, les fériés, vouloir refiler le bébé à ma collègue qui n'habite pas loin et qui s'est doutée du truc, raté, non, c'est bien à moi de le faire, et c'est aujourd'hui. Je m'en veux de noter qu'elle est crade, ça me colle la pression des jours avant, redoutant même durant le week-end mon passage du lundi matin. Je me jure de ne plus le noter, après tout, une bonne petite surprise de temps en temps, en arrivant, ça ne fait pas de mal : « Ah oui, c'est vrai, c'est elle, j'avais oublié !... »

Elle a un appareil respiratoire électronique dont elle ne se sert pas. On passe relever le compteur (qui reste éternellement bloqué sur vingt et une heures d'utilisation depuis quatre ans), on marque le chiffre sur un cahier. Le relevé part chez le médecin, qui signe une prise en charge d'une année supplémentaire, permettant à ma boîte de toucher des sous. Nous avons reçu la consigne de ne pas retirer le matériel des gens qui ne s'en servaient pas, une petite rentrée d'argent reste tout de même de l'argent dans les caisses. S'ils savaient combien ils puent, ces quarante-deux euros mensuels qu'elle nous rapporte, je me demande ce qu'ils en feraient.

Je gare la voiture, coupe la clim. Soleil de plomb. Mois d'août. Même pas 11 heures, déjà trente degrés. Je me doute bien que sa crasse chauffée ne va pas sentir meilleur, loin de là. En ouvrant le coffre, je farfouine un petit peu, espérant secrètement que mon écharpe s'y trouve encore, dans mon sac à urgence. Travaillant toute l'année à domicile, j'ai toujours, dans la voiture, un sac avec du rechange, en cas d'incident (trombe d'eau, patient me vomissant dessus, vêtement taché par la mayo tombée du sandwich avalé en dépassant un camion sur l'A4, le portable dans l'autre main). Y sont glissés : une paire de chaussures, des chaussettes, une polaire, un tube d'Aspro, de vieilles lunettes de soleil (va conduire huit heures sans lunettes de soleil, toi !) et mon écharpe noire datant du lycée, la Chevignon élimée qui a connu les manifs Devaquet, ou presque. Comme un Afghan qui s'apprête à s'infiltrer ni vu ni connu sur une base russe, je la tourne autour de mon visage quatre fois, bien serrée par un nœud derrière ma tête. Ne surnagent que mes yeux. Je prends la bombe désodorisante des W-C que j'ai volée la veille au soir au boulot, parfum « pin de Corse », et je vaporise directement sur la petite bosse de laine sous laquelle se trouve mon nez, en fermant les yeux. Je cours presque vers sa porte. Je sonne.

Quelques secondes après, une odeur fétide jaillit de l'entrebâillement.

– OUAIS ? C'est pour ?

– L'infirmier, madame Suskind ! Je viens vérifier le compteur de la machine...

– Mais vous êtes encore malade !

– Oui, j'ai la grippe...

– Comme la dernière fois... Et la fois d'avant... Ben dites donc, vous manquez de bol, vous, dites donc, ça alors, dites donc...

– Bon, je peux entrer ?

– Ouais. Et essuyez-vous les pieds, pour pas me salir mon lino.

Je pense qu'elle doit être sérieuse, en disant ça, même si le lino colle à mes semelles à chacun de mes pas, gluant de crasse, de poussière. Il y a des cafards, je le sais, j'en ai écrasé un la dernière fois et j'ai dû jeter la chaussure (il paraît qu'il ne faut jamais marcher sur un cafard, ça repousse partout où on pose le pied, après).

Je dégoulinais déjà dehors mais, là, c'est le pompon. Les fenêtres sont fermées, il fait une température atroce à l'intérieur. Malgré mon pin de Corse, je sens la puanteur lentement pénétrer sous l'écharpe, tellement rapidement que j'en ferme la bouche, ralentissant encore un peu plus ma respiration qui ne se fait plus que par le nez. Je cherche des yeux l'appareil sur la table... Il n'y est pas...

Elle se tape le front :

– Oh ben, c'est con, je l'ai laissé en haut, dans la chambre ! Suivez-moi !

Dans l'escalier, je me retrouve à quelques centimètres de ses grosses fesses et de la trace, ma foi assez droite, de merde séchée se trouvant à la raie des deux. C'est un peu comme dans l'avion, que je me dis pour penser à autre chose : suivez les traces au sol pour sortir de l'enfer. Toi, tu as des traces au cul, des cafards, des ongles noirs, quelques poils de barbe et une bonne grosse moustache grise que tu ne rases plus depuis la mort du Christ. Je crois que je te déteste, que je déteste mon métier, que je déteste le monde entier et puis voilà, un gros sac de haine dégoulinant de chaleur et d'enfermement, puisque, me voilà bien, je commence à étouffer de la tête sous mon écharpe. Même pas arrivé dans la chambre et des sensations claustro de partout. Je suis en nage sous ma chemise. Mes lunettes glissent.

Un matelas, jeté par terre. La tapisserie, autrefois grise, est marron de crasse à l'endroit que les cheveux touchent depuis un demi-siècle. Un seau gris, plein de pisse froide, attend d'être vidé, à côté de la télé. Deux serviettes hygiéniques y prennent un bain rafraîchissant, sûrement les seules à se sentir au frais dans tout le quartier. Le chat lèche la table de nuit avec amour, du moins la grosse assiette séchée où traînent encore quelques raviolis.

Elle se tourne vers moi, perplexe, après avoir fouillé longuement les alentours du lit :

– Ça vous embête de revenir demain ? Je crois que mon ami l'a rangé quelque part sans me prévenir ! Je vous offre un café pour vous être dérangé pour rien ? Une bonne odeur de café, moi, ça me donne du soleil pour la journée, pas vous ?

7.

Le pot aux roses

L'agence d'intérim me demande au téléphone si je suis « bien luné ». Je la fais répéter :

– William, je veux juste savoir si vous êtes en forme, en ce moment...

– Oui, raisonnablement.

– Parfait. Je vous dis ça parce que le médecin du travail est un peu spécial, c'est la vieille école, il nous use un peu les intérimaires, ça défile, et comme je n'ai plus personne à envoyer, je me permets de vous appeler... Je sais que d'habitude vous ne prenez pas de gants mais bon... Là, on n'a plus personne.

– Il est agressif ?

– Non ! Non, pas du tout ! Juste un peu... euh... vieille France, quoi.

– OK. On verra bien. Une à trois semaines, vous me dites ?

– Oui.

Je prends le métro à Marengo, juste en bas de chez moi, sortie deux stations plus loin, à Roseraie, super pratique. Je me pince pour croire qu'il y a une entreprise à Toulouse, à cinq minutes de la maison, qui cherche un infirmier ! Moi qui galère de mission en mission pour ne pas retourner à l'hosto, je pense que je peux bien faire un effort sur ce coup, non ?

La boîte fabrique des moteurs d'avion. Ou des ailes. Ou des carlingues. Je ne sais pas trop, il y en a de partout dans les bâtiments, des grosses pièces d'avion (plusieurs mètres de large) qu'on assemble à la chaîne, dans le bruit et l'agitation. Ça scie, ça tape, ça soude, ça martèle. Quel boucan !

L'infirmerie est un peu en retrait, sur la pelouse, dans un Algeco qui a connu bien des guerres. On s'essuie les pieds sur le paillasson un bon quart d'heure, mais les traces de pas s'impriment tout de même sur le lino qui mène au bureau gris stalinien.

Un petit chauffage électrique au pied du vieux fauteuil m'indique que le lieu ne doit pas vraiment être un havre de chaleur et de confort. Un antique ordinateur, des dossiers poussiéreux. Une deuxième pièce, derrière, abrite le bureau du médecin. Scotchée sur la porte, une pancarte en carton, écrite un demi-siècle plus tôt, donne les horaires de présence, soulignés au Bic rouge. Le médecin est là deux matinées par semaine. Parfait, ça me laisse le temps de faire le tour des locaux, de la boîte, de fouiner un peu dans les dossiers pour comprendre qui je vais soigner.

J'apprends que la nana que je remplace se meurt d'un cancer des ovaires, quelque part dans Toulouse. L'infirmerie est entre parenthèses depuis des mois. Plus personne ne vient. On devait déménager les locaux, un peu plus loin, dans du dur, mais la direction attend, comme si le décès imminent de la salariée était impératif pour partir enfin dans un endroit décent. Le bureau du médecin est glacé, le mien prend l'humidité et le froid dès que quelqu'un, rarement, ouvre la porte.

Je me prends à rêver d'un bon feu de cheminée, allumé avec la pile de vieux *Liaisons sociales* qui traînent sur une étagère. Quelques revues dans le couloir, qui fait office de salle d'attente : *Travailleur & Sécurité*, *CHSCT : le point 1993*, *Règles de bonne conduite et Amiante*. Que du bonheur en attendant de passer la visite. Ça tombe bien, j'ai tout un stock de *Geo* et d'*Auto plus* que j'allais balancer à la poubelle ; je me dessine une petite croix sur la main pour penser à les rapporter demain matin.

Le lendemain, le médecin arrive à 9 heures. Bedonnant, nœud papillon rouge, petite barbe en collier (comme un vieux prof des écoles), veste en velours, pantalon pareil, pattes d'eph, vieilles chaussures de randonnée style Mephisto. Une odeur d'after-shave, poignée de main virile et regard méfiant.

– Vous avez déjà fait de la médecine du travail ?

– Oui, oui, plein de fois.

– Parfait. Je vous expliquerai comment on fonctionne ici un peu plus tard dans la matinée, voici déjà le premier patient. Vous le faites se déshabiller, vous le pesez, le mesurez, pipi dans le pot, une bandelette urinaire et vous le faites attendre dans la cabine. Un dossier toutes les vingt minutes, vous tapez à ma porte quand un nouveau se présente ou quand vous voyez que je prends mon temps. Des fois, j'ai beau insister, ils ne comprennent pas et s'éternisent. Vous taperez fort, trois fois, ça me permettra de passer à autre chose. Vous me vouvoyez, bien sûr.

– Bien sûr.

– Et devant les patients, c'est « docteur Pougnard ». Entre nous, vous pouvez dire « monsieur Pougnard ». Quand vous parlez de moi à la direction, selon la personne, vous ferez attention par vous-même à donner le bon titre au bon moment, n'est-ce pas ? De même, je suis très à cheval sur votre fonction, ne faites pas n'importe quoi, ne laissez pas les gens devenir familiers avec vous, n'est-ce pas, ils n'ont pas à vous appeler par votre prénom, c'est « monsieur Rejault » ou bien « monsieur l'infirmier » et rien d'autre, je crois que c'est mieux pour tout le monde. On se comprend ?

– Oui.

Je savais déjà qu'on courait au drame tous les deux mais je me taisais, je sentais qu'on allait bien rigoler.

Premier patient, je pèse, je mesure (déjà, là, c'est débile, quel est l'intérêt de mesurer un type tous les ans, comme si la taille changeait avec l'âge ?... bref !), je lui tends un petit pot à couvercle rouge, il me le remplit, je fais une bandelette urinaire, note le résultat et le fais attendre, en slip, dans la cabine.

Deuxième patient, je le pèse, le mesure (il râle qu'il a perdu deux centimètres, mais comme personne dans ce pays ou dans le monde en général n'a une toise posée à la bonne hauteur, personne dans ce pays ou dans le monde en général ne connaît sa vraie taille, non, non, pas même vous), lui tends un pot à pipi qu'il remplit et me rend, je fais une bandelette, note le résultat, tape à la porte et le fais attendre, en slip, dans la deuxième cabine.

Troisième, quatrième, cinquième patient, je ne vois pas passer la matinée et, au douzième patient, le dernier, je sens mon estomac me signifier furieusement qu'il est temps de manger un bout. Je sors mon sandwich et je commence à le grignoter, le planquant quand le dernier patient sort. Le reprenant tranquille en lisant mon journal.

Le médecin entre et me regarde, stupéfait :

– Mais qu'est-ce que vous faites ?

– Euh... je déjeune !

– Dans l'infirmerie ?

– Oui, j'ai fermé la porte à clé, il est 12 h 30, personne ne va rentrer pendant une heure.

– Mais on ne mange pas dans l'infirmerie !

– Pardon ? Pourquoi ?

– Mais si on a faim, on traverse la cour et on va au réfectoire !

– Je n'ai pas d'argent sur moi et je me suis préparé un sandwich. C'est plus économique.

– Mais on ne mange pas dans une infirmerie !

Il commence à me chauffer les oreilles, lui, mais je continue de sourire.

– Je ne saisis pas, docteur. On n'y mange pas pourquoi ?

– On soigne dans une infirmerie et on se restaure dans un restaurant, enfin, ça me semble dans la logique des choses !

– Écoutez, c'est l'heure de ma pause, je suis à mon bureau, je ne suis pas en blouse, j'ai une serviette sur les genoux, il n'y a pas de soins à proximité, je ne vois pas où est la faute.

– Mais ce n'est pas une question de faute ! C'est une question de principe !

– Nous avons tous nos principes. Les confronter pour les surmonter est la base de l'humanité et le ciment des échanges culturels, non ?

Et toc, que je me dis, prends ça dans ta face, mon gars !

– Je refuse que vous mangiez dans mon infirmerie !

Déjà, là, je sens que c'est foutu et que je ne reviendrai pas en deuxième semaine. Arrivé à ce niveau d'exigence et de connerie, il n'y aura pas de négociation possible. Ayant cinq jours de salaire à perdre dans l'histoire, je décide alors de remballer mon sandwich, prestement, de plier ma serviette et de le regarder de la façon la plus neutre qui soit.

Il secoue la tête, plusieurs fois, et repart vers son bureau en s'écriant, à voix haute :

– Mais c'est un monde ! C'est un monde !

Soudain, un glapissement d'horreur : Dr Principe vient de faire un malaise cardiaque, à deux pas, visiblement. Je me lève, fais les trois mètres en courant qui me séparent de l'évier et le trouve, au-dessus de la poubelle, montrant du doigt les petits pots à urine jetés.

– Mais vous êtes inconscient ! Vous êtes totalement inconscient ! Vous avez jeté les petits pots à urine !

– Ben oui... Que voulez-vous que j'en fasse ? C'est à usage unique !

– Ici, monsieur, on les lave et on s'en ressert !

– Mais ça ne se fait pas, docteur !

– Ici, monsieur, on fait comme je dis ! On se ressert des pots à urine, il n'y a pas de petites économies !

– Mais ce n'est pas une question d'économie, c'est une question d'hygiène et de légalité : toute matière ou matériel en contact avec le sang, l'urine ou les selles d'un patient n'a pas à toucher un autre patient, c'est la loi qui...

– Ici, monsieur, on fait comme je dis et la loi, c'est moi ! Il n'y a AUCUN risque de contamination entre deux urines, on est d'accord ?

– Ben...

– ON EST D'ACCORD ?

– Sur le principe, oui, mais...

– Alors vous allez me laver ces petits pots immédiatement et les faire sécher pour vous en resservir demain.

– PARDON ? (*Le fou rire me prend.*) Vous voulez que, moi, je nettoie les petits pots à urine à usage unique dans l'évier ?? Sans gants, en plus ? Et ma propre contamination ?

– Ça n'a jamais tué personne. L'infirmière qui était ici depuis vingt ans, monsieur, l'a fait sans chichis et n'en est pas morte pour autant, et si elle n'était pas aussi malade, la pauvre, je ne serais pas là à perdre mon temps avec vous pour des bêtises qui ne se discutent même pas.

– Ah, pardon, ça se discute. Légalement, je n'ai pas à entrer en contact avec...

– JE VOUS DIS QUE VOUS ALLEZ LAVER CES PETITS POTS À URINE !

– J'aimerais bien voir ça.

À mon air frondeur, il sentit bien qu'il n'allait pas passer en force. Il me regarda, furieux, rouge écarlate, et partit vers le bâtiment central en claquant violemment la porte. Il revint une demi-heure plus tard et, sans un mot, saisit sa serviette en faux cuir qu'il jeta dans son AX, démarrant en trombe vers son cabinet de médecin de ville.

Le téléphone sonna :

– Bonjour, c'est la DRH, ne quittez pas, je vous passe M. Gourjui, le directeur adjoint.

– OK.

– Monsieur, bonjour, c'est vous l'infirmier ?

– Oui...

– Écoutez, je viens d'appeler votre agence d'intérim,

nous nous sommes mis d'accord, nous vous réglons intégralement les cinq jours de présence prévus sur le site, mais en échange je vous demande de ne pas vous présenter demain matin, s'il vous plaît. Voilà. Vous avez des questions ?

– Euh... Je me fais donc virer pour ne pas avoir nettoyé des pots de pisse à usage unique ?

– Nous vous réglons les cinq jours donc, techniquement, vous n'êtes pas renvoyé, au contraire, vous êtes payé à rester chez vous, c'est un excellent consensus, je trouve.

– Mais pour qu'il y ait consensus, cela suppose qu'il y ait eu un problème, or personne ne m'a parlé de problème, non ?

– Je crois que vous êtes une personne intelligente, monsieur Rejault, restons-en là.

– Et vous qui êtes directeur, donc forcément intelligent, ça ne vous gêne pas de perdre un infirmier parce qu'un médecin est trop con pour avancer avec son temps ?

– J'insiste pour que nous en restions là.

Et nous en restâmes là. J'appris, un ou deux ans plus tard, que la nana intérimaire qui m'avait remplacé avait obtenu le poste à la mort de l'infirmière en place, appuyée par mon fameux médecin à nœud pap. Ça ne la gênait pas, elle, de nettoyer des pots de pipi à usage unique contre un CDI, visiblement. Moi et mes foutus principes, on est un peu trop stricts, parfois.

8.

Mariage blanc

J'ai tellement mal à la dent du fond que même à quarante-cinq Doltafurenes par jour, ça ne passe pas. Ça pousse, ça lance, ça lacère, j'ai l'impression qu'un nain hystérique donne des coups de piolet dans ma mâchoire toutes les cinq secondes. Parfois je n'y pense plus et parfois, d'un coup, la douleur est si forte que je manque m'évanouir. Je prends rendez-vous la mort dans l'âme chez le dentiste, le Dr Mengelé, et même en attendant qu'il me prenne, dans la salle d'attente, je continue de souffrir, signe que c'est vraiment grave. Je ne sais pas pour vous, mais moi, en arrivant dans le cabinet d'un toubib ou d'un dentiste, je n'ai plus mal la plupart du temps.

Il hoche la tête.

– Dents de sagesse. La radio le prouve. Dents de sagesse. On enlève les deux du haut.

– Hein ?!

– Disons vendredi en huit au cabinet ou vendredi en quinze si vous voulez le faire sous anesthésie générale. Comme vous voulez...

– Anesthésie générale.

– C'est un peu exagéré pour deux dents.

– M'en tape. Si je meurs, je meurs dans mon sommeil. Totale confiance dans la médecine de mon pays. Les anesthésistes sont les meilleurs des médecins. Je le sais.

– Alors, si vous le savez, rendez-vous à l'hôpital vendredi en quinze. Tenez, vos radios. Ne les oubliez pas le jour de l'opération. Soyez à jeun. À 7 heures.

– OK.

J'étais en troisième année, à quelques mois du diplôme, j'allais pas me pourrir la vie pour un double arrachage de dents avec juste une petite piqûre pour le fun, tout entendre et tout voir, un truc à pas dormir deux semaines avant, à arracher un pan du fauteuil pendant (je l'ai déjà fait) et à pleurer comme la Vierge Noire de Caracas pendant tout l'été tellement les sutures font mal. *Niet*. Anesthésie générale, une « a-gé » pour les intimes.

Bien sûr, le matin du départ, impossible de mettre la main sur ces fichues radios. Bah, je me dis, ils les referont à l'hosto, c'est pas la fin du monde. Je me gare, salue la nana de l'accueil, monte dans le service, me présente. Je vois arriver Carola, une fille de ma promo, et pas une lumière. Elle me dévisage salement.

– Ben tu fais quoi ici ? Tu n'es pas en stage de neuro ?

– Si. Mais je me fais enlever les dents de sagesse.

– Rejault... Ne me dis pas que, le Rejault, c'est toi ?

– Oui.

– Pff, tu n'as pas intérêt à être chiant comme pendant les cours...

– Dis, Carola, tu crois pas que tu abuses ? Je t'ai toujours dit que si mes bavardages t'indisposaient tu n'avais qu'à aller ailleurs dans l'amphi... Il y a quatre cents places, on est quarante-cinq, tu te colles toujours au fond avec nous...

– Mais j'y suis mieux !

– Eh ben que veux-tu que j'y fasse ? Bon, elle est où ma chambre ? C'est une chambre simple ?

– Non, double. On n'a plus de simples...

– Mais ma mutuelle prend en charge !

– Tant pis. Suis-moi.

– Tu n'as pas de chambre simple ?

– William, s'il te plaît, joue pas à l'enseignant qui vient se faire hospitaliser, je te prie.

(Les deux catégories les plus épuisantes à soigner : les médicaux et les enseignants. Ah, les enseignants, tu pourrais les prendre pour taper sur les médicaux...)

Je dis bonjour au monsieur qui partage ma chambre et Carola me montre la penderie :

– Tu laisses tes affaires ici. Déshabille-toi, garde ton slip uniquement. Enfile la chemise de bloc.

– Pardon ? Mais, à la clinique Larrieux, les gens

n'enlèvent que le haut... On peut garder les chaussures et le jean, pour des dents de sagesse !

– William, tu me fais perdre du temps.

– Est-ce que je peux garder mes chaussettes, au moins ?

– Non. Slip. Chemise de bloc. Je ne parle pas français ?

Et merde. Moi qui n'avais pas pensé à mettre un sous-vêtement plus neuf, je me retrouve dans mon vieil australien DIM mauve, celui avec une tache d'eau de Javel devant qui ressemble furieusement à une tache de sperme. On va croire que je suis lubrique. Je me maudis, j'avais complètement zappé le coup du slip. Je me demande si je vais faire pipi ou pas, je me tâte, j'ai pas trop envie, pas trop, et puis si j'y vais et qu'elle arrive, elle va me stresser, je vais faire ça à l'arrache, il restera une goutte qui va me mouiller le slip, tu vas voir qu'elle va penser que je me lave jamais aussi, ah punaise, tant pis, j'irai pisser en revenant.

Je me mets sur le lit. La chemise de bloc est si usée qu'elle en est transparente. On ne voit que mon slip mauve. La porte s'ouvre.

– Oooooh mais c'est William !

– Madame Garcia, bonjour ! Vous faites quoi, là ?

– Je suis la surveillante du service, vous avez oublié ?

– Ah vi. C'est vrai.

– Je vous tire les oreilles tout de suite ou je descends vous accompagner gentiment à la radio ? Un élève qui vient se faire opérer sans ses radios des dents, quel professionnalisme !

– Euh... je me rhabille ?

– Non, non, on y va tous les deux. Venez...

– Vous avez pas un peignoir ?

– Non. Oh, ce sera l'affaire de cinq minutes aller, cinq minutes retour, à tout casser. Allez, mettez vos baskets et racontez-moi tout de votre vie à l'école depuis mon départ.

(Elle était ma monitrice, en première année.)

Nous partons dans le couloir et, alors que j'appuie sur le bouton de l'ascenseur, je la vois se saisir prestement des deux pans de ma chemise, à l'arrière, histoire que tout l'hôpital ne voie pas mes fesses mauves. La situation est cocasse à ses yeux, pas aux miens. J'essaie de la jouer à la cool. Nous croisons bien sûr des élèves dans l'ascenseur (« Oh, William, salut ! »), des surveillantes (« Alors, madame Garcia, on emmène ce grand jeune homme à la radio ? Ah bon, il va bientôt venir en stage ? Aaaaah ! ») et nous arrivons au milieu d'un service de radio bondé. Le manipulateur radio me fait bien sentir que je représente une surcharge de travail. Quand il apprend que je suis élève, il retrouve le sourire : « Tout le monde saura que tu portes des slips mauves, mon gars. » Je décide de ne pas faire hara-kiri tout de suite tellement j'ai mal aux dents.

Quand je me réveille, deux heures plus tard, j'ai une envie de pisser qui me remonte à la gorge, je suis persuadé que ma vessie va exploser. Je tente de sortir du lit, impossible, barrière à gauche, barrière à droite. Perfusion dans le bras. Monitoré de partout, bip, bip, bip.

Je sonne. Au bout de six mois, Carola arrive :

– Ouais ? Ah, tu es réveillé !

– Oui, tu peux me débrancher, steplé, j'ai besoin d'aller pisser.

– Non. Pas tant que l'anesthésiste n'a pas donné son feu vert. Tu n'as pas le droit de te lever.

– Mais j'ai envie de pisser.

– Tiens, fais dans le pistolet.

Elle me tend le truc. Je le regarde. Secoue la tête.

– Nan, nan, nan. Je peux pas pisser dans un pistolet, à moitié allongé, je sais pas faire, désolé.

– Ben tu vas y arriver. Quand on a vraiment envie de pisser, on y arrive. Bon courage.

Et cette morue se casse.

Tu parles. Envie de pisser, oui. Mais possibilité ? *Nada*, Rafael « Nada », rien !! J'ai beau redresser le lit, me concentrer, penser à la France, pousser de toutes mes forces, j'ai beau visualiser mon petit Williamichou tendu dans l'effort, le méat mi-ouvert, frémissant de bonheur de pouvoir soulager enfin tout le corps, rien. Rien ne vient. Je pousse tant et plus, à tel point que je réussis à me décoller une électrode, avec la sueur. Mais, d'urine dans mon pistolet, pas le début du commencement d'une goutte.

Je sonne. Quatre guerres de religion plus tard, Carola entre dans la chambre.

– Mais QUOI encore ?

– Sors-moi du lit, je n'arrive pas à pisser dans le pistolet.

– Je t'ai dit que je ne pouvais pas.

– Aide-moi, je vais mourir.

– Je te donne le bassin, tiens, fais dedans.

– JE PEUX PAS PISSER ALLONGÉ, TU ME COMPRENDS, NOM DE DIEU ??!

– EH BEN PISSE-TOI DESSUS, COMME ÇA APRÈS JE TE METTRAI UNE COUCHE ET TU NOUS FERAS PLUS CH... !

– TU N'AS PAS DE CŒUR ! NON SEULEMENT TU ES NULLE EN CLASSE, MAIS EN PLUS TU N'AS PAS DE CŒUR ! NORMAL QUE TU CHOPES QUE DES BANANES EN STAGE !

– RETIRE ÇA IMMÉDIATEMENT OU JE TE POSE UNE SONDE URINAIRE TOUT DE SUITE !

Le monsieur à côté, qui lisait *L'Équipe* calmement, nous regarde par-dessus ses demi-lunes :

– Ne me dites pas, laissez-moi deviner : vous êtes mariés, tous les deux ?

9.

Il y a un bout qui dépasse, là

– Je ne fais plus d'intérim en clinique, c'est trop le bazar à chaque fois.

– William, je vous garantis que cette mission se passera bien. Ce sont des consultations externes, les gens viennent se faire opérer à la journée. Ils arrivent le matin, vous les déshabillez, vous leur prenez les constantes, vous vérifiez que le dossier médical est à jour. Une perfusion à poser, le brancardier vient les chercher. Vous attendez en buvant le café. Six heures après ils reviennent, ils s'éveillent lentement, vous jetez un coup d'œil toutes les dix minutes, le chirurgien passe à 17 heures, il signe le bon de sortie et voilà... C'est du journalier, ça entre, ça sort, pas d'embrouille.

– J'hésite.

– Faites-moi confiance.

Mon premier client arrive avec ses parents. La vingtaine, look étudiant, un peu timide. Grand gaillard, fringues de basket, petite barbe. Les parents sortent de la campagne, visiblement, et lui étudie à la ville. Des maths, sûrement. Ou de la physique-chimie. Puceau, à vue de nez, ou pas loin. Pas contrariant. Lorsque je lui demande de se déshabiller, il rougit et part dans un coin du box pendant que j'entraîne sa mère au bureau faire les papiers.

– Alors, madame, j'ai besoin du bilan sanguin, voilà, merci, de la décharge opératoire, voilà, merci, de la carte de groupe sanguin au cas où, merci et je crois que ce sera tout...

– Il y en a pour longtemps ?

– Non, c'est une formalité. Un grain de beauté mal placé, on endort, on coupe, on réveille, il revient...

– On coupe comment ?

Je maudis le chirurgien qui n'a pas expliqué son geste dans le cabinet et je maudis les parents qui n'ont pas osé poser la question à la bonne personne. C'est toujours à moi d'expliquer et ça se fait à chaque fois à l'arrache, entre mes souvenirs de cours qui remontent loin avant la guerre, mes connaissances sur le sujet limitées selon mon intérêt d'alors et ma fatigue. Toujours peur d'annoncer une connerie qui serait contredite ensuite par le chirurgien, laissant le patient dans une inquiétude légitime.

– On ne va pas « couper ». Votre fils a un grain de beauté assez gênant à la base de la verge. Je présume qu'on va endormir la zone, avec une aiguille, du produit anesthésiant, en piquant autour du grain de beauté. Ensuite le chirurgien utilise un fil de nylon avec lequel il va prendre au lasso la zone à enlever. Il va tirer dessus très fort : le grain de beauté sera boursouflé comme un gratin au fromage. Une nouvelle piqûre dedans, quelques coups de scalpel sur les côtés, le temps de faire le tour. Une fois fait, la peau tombe. On plante une aiguille et du fil dans un bord et on rapproche les berges, en deux ou trois points de suture. C'est l'affaire d'une petite heure.

– D'accord.

Le grand gaillard, Christophe, descend au bloc; et moi je gère les dossiers suivants qui s'entassent pour la journée : hallus valgus, dents de sagesse, chalazion, et des petites chirurgies à la pelle.

Je l'avais un peu oublié mais, lorsque Christophe remonte deux bonnes heures plus tard, je le remets tout de suite : l'étudiant grand, maigre, matheux et puceau de ce matin venu avec ses parents paysans. Le grain de beauté sur la verge. Voilà. Je laisse le soin au brancardier de le mettre dans son box, me fais couler un café, et après l'avoir bu pousse doucement le rideau. Christophe est encore dans le coltard mais il gémit en pleurant, souffrant visiblement. La pompe à morphine branchée sur le côté m'étonne un peu, pour un simple grain de beauté, mais je suis heureux de voir un chirurgien prendre en compte la douleur de ses patients : la France avance, finalement, la France avance !

Je baisse le drap, machinalement, pour jeter un œil au pansement, réflexe infirmier obligatoire après tout retour du bloc : un pansement propre et sec peut se révéler une mare de sang hémorragique trois étages plus haut. Je me mords la lèvre en voyant le pansement posé au bout de la verge, sur le gland, et non sur le moche grain de beauté que j'aperçois toujours, près des testicules. Un instant, mais un instant seulement, je m'engueule moi-même d'avoir confondu deux patients, au risque de dire n'importe quoi devant eux si je n'avais pas vérifié la plaie avant.

Bizarre. J'aurais pourtant juré que... Je saisis le dossier, l'ouvre pour regarder ce qui a été pratiqué : « circoncision ». OK d'accord. J'hésite un instant en me demandant si j'ai rêvé ma discussion d'avec les parents ce matin, si j'ai peut-être vraiment confondu deux patients. Non, hein. Je tourne alors le dossier et lis le nom en première page. Et le prénom.

Sueurs froides.

J'ai deux possibilités.

La moins pire : ce type devant moi est vraiment venu pour une circoncision et c'est tant pis pour moi qui n'avais rien compris à l'accueil. Le chirurgien en bas a bien fait son boulot en reprenant le bon dossier. J'ai dû rêver toute la conversation avec les parents.

La pire : ce type devant moi est venu pour un grain de beauté sur la verge et on lui a enlevé le prépuce. Il vient de remonter avec un dossier qui ne porte pas son nom mais qui pourrait être à lui, à vue de nez. Même âge, même zone opératoire, même matinée, même chirurgien. Les erreurs, ça arrive.

La mère me bouscule en poussant un cri :

– On lui a coupé le sexe ! On lui a coupé le sexe ! Hiiiiiiiii ! (*elle hurle plus fort, cette fois-là, blêmit, recule en s'accrochant à la chaise et s'évanouit*).

Pendant que le père s'occupe d'elle et que Christophe se réveille, de plus en plus douloureusement (on dirait qu'il est « algique plus plus plus » dans notre jargon), j'appelle le bloc le plus discrètement possible en intimant à la fille d'en bas qu'elle fasse monter fissa le chirurgien.

– Mais on ne peut pas ! Il opère !

– Écoute. Dis-lui qu'il s'est planté et que si jamais il ne monte pas dans les dix minutes il se prend un procès d'enfer parce que moi je ne peux pas mentir longtemps à la famille.

Je le vois arriver, vert de colère d'être interrompu pendant sa matinée de boulot. Il me menace :

– Toi, t'as intérêt à m'avoir fait monter pour une bonne raison. Dossier ! File-moi le dossier ! Explique !

– Christophe, descendu pour grain de beauté sur verge. Remonté après circoncision, avec le dossier d'un certain Yannis sur le lit.

Sans moufter, sans qu'un cil ne vibre, je vois ses yeux lire à toute berzingue les lignes du dossier qu'il n'a pas dû ouvrir ce matin, se fiant à son anesthésiste, à son infirmière de bloc, à moi. Au bout d'une longue minute, il le repose sur le bureau, me prend le poignet qu'il serre très fort dans sa main et calmement me déclare :

– Si tu dis un mot, si tu parles… Tu auras affaire à moi. Tu me comprends ?

– Oui.

– Je suis sérieux.

– Oui.

Il entre dans le box, tout sourire et ferme le rideau devant moi. J'entends toute la conversation.

– Alors, le grand Christophe il s'est réveillé, hein, enfin ? Hein ? Alors, il a mal ? Oui, hein ? Normal, normal, après ce qui s'est passé en bas. Dis-moi, mon grand, tu avais des érections douloureuses, n'est-ce pas ?

– …

– Tu peux me le dire à moi, je suis ton médecin, et puis tes parents ils te connaissent, ils t'ont vu naître, ils savent ce que c'est la vie, hein… Tu dois avoir mal quand tu as une érection, n'est-ce pas mon grand, hein ? Ta copine elle doit être un peu gênée, pendant vos rapports sexuels, non ? Si, hein ?

– … C'est-à-dire…

– Parce que tu avais un phimosis, qui est très très gênant. Très. Et qu'on aurait dû enlever à un moment ou à un autre pour que tu puisses avoir des enfants, tu sais. Je ne m'en étais pas rendu compte à la consultation mais là, quand je t'ai vu descendre, là, c'était non assistance à personne en danger que de te laisser remonter avec ça ! Il en va de ta vie de futur papa, mon grand ! Mais oui ! Tu veux que je te dise ? On a bien fait ! On a bien fait ! Je te voyais sous anesthésie et je me suis dit : « Tiens, et si on faisait d'une pierre, deux coups... »

Timidement, le père l'interrompt :

– Mais, docteur, le grain de beauté est toujours là !

– Totalement normal, l'anesthésie prenait du temps et commençait à devenir longue, je me suis dit que je ne voulais pas vous inquiéter et qu'il valait mieux vous faire remonter, pour que tout le monde soit rassuré. Alors ce qu'on va faire, c'est que je vais vous envoyer ma secrétaire, elle va reprendre un rendez-vous avec vous et vous reviendrez un autre samedi pour le grain de beauté, hein ? Hein ? Qu'est-ce que tu en dis, Christophe ?

Ma collègue me menaça vingt fois, dans la matinée, à chaque fois qu'il me montait la colère et l'envie d'aller tout raconter aux parents. Vingt fois. « Ne fais pas ça, William, ne sois pas stupide, tu vas t'en mordre les doigts à vie...Tais-toi ! Tu sais bien qu'ILS ont toujours raison...Toujours ! »

J'avais tellement de mal à ne pas hurler ma rage à chaque fois que j'entendais la mère dire, de l'autre côté du rideau :

– Oh, il est bien, hein, le docteur, tu as vu comment il est consciencieux d'avoir fait ça pour que tu sois papa un jour ? Tu as mal, mon grand, je sais, mais le docteur il a dit que c'était normal après une opération et que ta future femme elle te remercierait. Oh, je suis contente d'avoir écouté la collègue, tu vois, elle avait raison, il est bien lui, comme chirurgien. Il te prend les mille euros en liquide mais lui, au moins, il hésite pas à faire le consciencieux quand il en voit le besoin. On reviendra ici pour la cataracte de ta mère.

10.

Le sale air de la peur

Je te déteste. Tu permets que je te tutoie ? Je ne l'ai jamais fait et je ne le referai jamais, je crois. Je ne reparlerai jamais de toi et je vais tâcher de t'oublier à la seconde où j'entendrai le générique du 20 heures, sur la télé du salon. On a encore un peu de temps à passer ensemble, toi et moi. Oui, je dis « toi », tu permets ? Je te tutoie pour mieux t'engueuler, je te tutoie pour mieux te dominer, je te tutoie parce que je t'en veux.

Tu m'as fait peur, ce matin.

Tu m'as terrifié.

Ce sont les filles qui m'ont demandé :

– Tu ne veux pas ouvrir la porte, qu'on la voie ? On fera la prière, comme ça.

– Si tu veux.

Ça sentait déjà la mort, derrière, cette odeur de champignon décomposé, plus ou moins forte, selon les gens, les maladies.

Je l'ai vu tout de suite, que tu avais crevé d'une mort violente. Ta bouche était tordue sur le côté, ta main droite était recourbée comme un crochet, ils avaient dû planquer la gauche sous les draps pour ne pas qu'on la voie de trop, mais elle devait être symétrique avec l'autre. Je pense que tu as dû te pendre dans les rideaux. Tu voulais tellement mourir. C'était de la qualité, ces rideaux, je le sais, j'étais là quand l'homme d'entretien les a installés, le mois dernier. Il avait tiré dessus en disant qu'elles étaient incassables, les tringles, maintenant. Il avait raison, apparemment.

Les filles, elles t'avaient mis ta perruque un peu de travers ou bien c'est toi qui commençais à glisser sur le côté, comme tu deviens liquide et que tu pourris déjà, peut-être que ta fesse droite s'affaisse, que ton corps commence à prendre l'eau et à dériver vers la barrière du lit, je ne sais pas. La perruque était de côté. Je ne t'avais jamais vue avec une perruque. Je ne te connaissais que le crâne lisse, toute droite sortie de ta chimio. Je m'y étais fait. J'ai trouvé totalement incongru qu'on te remette ta perruque Annie d'Avray qui coûte le SMIC uniquement le jour de ta mort alors que tu n'avais jamais voulu la mettre tellement elle te donnait chaud.

Les filles, elles avaient dû lire dans *Cosmo* que cet hiver il fallait forcer sur le rouge parce qu'elles t'avaient maquillé les lèvres comme une vieille pute avec du Mirillon 47 Chanel Rouge Explosion, ça pouvait être qu'une grande marque pour péter autant la couleur. On voyait que ça. Ça tranchait tellement avec le blanc micro-ondes de ta peau que j'ai cru un instant que tu saignais des lèvres. Tu m'excuses, j'étais un peu loin de toi, sur le pas de la porte, je n'ai pas pu m'approcher, je n'ai pas pu regarder ta robe ni la propreté de tes draps (les familles ne remarquent que les détails), je n'ai pas vu si on t'avait laissé tes chaussons ou pas.

Tu m'as fait peur, j'en ai encore envie de pleurer, tu m'as terrifié, tu sais. Tu n'as pas honte ? Tu n'as pas honte ? Moi, je pensais au clip de Michael Jackson, avec les morts-vivants qui sortent du cimetière, je me disais : « Merde, c'est pas vrai, bouge-toi, les filles te regardent, ne leur montre pas que tu as peur », et puis j'ai décidé que je devais être honnête ou je sais pas quoi, j'ai avoué que je ne pouvais pas rentrer plus loin dans ta chambre.

L'une d'entre elles a ricané :

– Hé, hé, hé ! Il a peur, l'infirmier ? Elle ne va pas te manger, tu sais.

Je me suis récrié :

– Non, j'ai pas peur, t'es bête ou quoi, j'ai pas peur, non, mais je me sens pas à l'aise, je sais pas pourquoi, elle est tellement laide comme ça, c'est tellement pas elle.

Alors que si, ça l'était un peu quand même, toi, puisque je ne t'aimais déjà pas quand tu étais vivante, je n'allais pas te trouver mieux une fois morte. Qu'est-ce que tu m'as énervé avec ton Alzheimer qui t'empêchait de finir tes phrases et ton air agacé quand tu sentais que je ne te comprenais pas. Qu'est-ce que tu me faisais mal au cœur quand tu me montrais la fenêtre en me disant que tu voulais sauter mais que tu n'avais pas la force d'y aller toute seule. Qu'est-ce que tu m'as fait peur (l'autre jour, déjà, tu vois) quand je sentais que tu allais nous quitter, là, tout de suite, sans que j'aie rien vu arriver du tout et alors que j'avais mille autres choses à faire en même temps. Ce n'était pas prévu à ce moment et je n'avais vraiment pas envie de gérer ton décès. Vraiment pas.

Je t'en veux d'être aussi effrayante, j'en veux à mes collègues de t'avoir rendue aussi ridicule, je m'en veux à moi de ne pas gérer mieux les cadavres, et puis en même temps je ne m'en veux pas tant que ça, j'ai étudié pour m'occuper des malades en vue de leur guérison, pas pour ouvrir les portes aux filles du service qui veulent prier pour l'âme du défunt. Tu m'en veux pas si je parle de toi ? Je voulais pas t'oublier comme ça ni te laisser sur un mauvais souvenir, mais ça se bouscule au portillon et je sens que demain il y en a une autre qui n'attend que le bon moment pour se barrer aussi, mais, elle, je l'aime bien, elle me caresse toujours le bras et elle, oui, je l'aime bien, elle a dans le regard une bonté incroyable et brûlante que je ne me lasse jamais de fixer. Je n'ai pas mes petites préférences, du moins pas en apparence, mais je t'avoue que demain je vais devoir passer à autre chose et voir un autre cadavre, tu m'excuses, je n'ai pas le loisir d'en stocker deux en mémoire cette semaine. J'espère que celui de demain sera plus joli.

Je pensais à toi (encore) un peu plus tard ce soir-là en me revoyant à Universal Studios. Il y avait une maison hantée, avec des acteurs déguisés en monstres qui se baladaient dans les décors. À un moment, j'étais à l'étage, je regardais le labo de Frankenstein, avec la créature sous les bandelettes qui se promenait dans les allées. Il faisait une nuit artificielle, bien sûr, les bruitages reproduisaient les grillons. Je réalisais alors que je devais descendre les marches et... traverser le décor pour rejoindre l'autre côté de l'attraction, soit passer entre les acteurs qui jouaient aux monstres. Alors que l'angoisse montait (et contrairement au règlement intérieur qui stipulait qu'aucun contact ne serait autorisé), une patte velue de loup-garou s'est abattue sur mon épaule. Je me suis mis à hurler, de peur, puis le fou rire nerveux a jailli. Je regardais le costume, les yeux du comédien, je riais aux larmes de m'être fait avoir. C'était tellement bon d'avoir peur.

Je n'ai pas ri, aujourd'hui. J'ai juste eu peur. Je sais que cela n'arrivera jamais mais il reste en moi une infime portion d'enfance ou de folie qui croit encore possible que, au moment où je me serais approché de ton cadavre, si j'avais eu le courage de le faire, tu te serais relevée d'un coup et tu m'aurais regardé, de tes yeux noirs et mauvais. Ton haleine fétide m'aurait soufflé, pendant que tu aurais rampé lentement au pied du lit, à quelques pas de mes baskets :

– J'aaaarrive, j'aaaaarrive, j'aaaarrive...

Je crois que je n'aurais pas pu courir. J'aurais attendu et je me serais laissé dévorer la gorge tant, dans mon monde, ta vue m'aurait été insupportable.

11.

Avoir un bon copain

J'avais un super pote à l'école : nous étions dans la même promo, assis à côté, nous échangions nos notes, nos polycopiés, buvions des verres à la sortie des cours et demandions, quand c'était possible, à aller ensemble sur les mêmes lieux de stage. L'entente était totale. On parlait ciné, voitures, avenir, métier. On évitait le sexe, d'un commun accord, mais ça m'allait très bien, à cette époque.

Je ne sais pas pourquoi mais, chaque fois que Ben et moi étions allés en stage tous les deux, je remarquais toujours, en milieu de stage mais plus encore sur la fin, une sorte de crispation dans l'équipe encadrante, crispation à mon encontre. Ce n'était pas bien méchant, mais je tiquais, parfois, lorsque je me prenais des remarques sur les qualités de Ben :

– Oh, Ben, lui, il a compris du premier coup !

– Ben sait déjà le faire, pas toi ?

– Mais pourquoi tu poses la question, Ben nous a

dit que vous aviez eu le cours dessus, normalement tu devrais être au courant...

Ça me gonflait régulièrement, et j'en parlais à Ben, qui était super gêné ; du coup, il rougissait, s'excusait, me disait qu'il n'avait pas voulu me causer du tort, qu'il avait parlé librement de l'école, de notre apprentissage, que l'équipe avait dû comprendre de travers. Je lui pardonnais, sachant pertinemment que les infirmières encadrantes, souvent lassées de leur boulot, empêtrées dans la routine, se détendent les nerfs sur les élèves de passage : enfin un peu d'animation dans ce service ! Je devais servir de bouc émissaire malgré moi, comme cela peut nous arriver à tous.

Un jour, en gastro, j'arrive dans le service et je trouve l'équipe particulièrement remontée contre moi depuis mon départ de la veille. J'ai visiblement oublié de faire un truc important, ce qu'on me reproche de façon agressive. Je pose des questions, mais les nanas se lèvent pour partir à la fenêtre fumer leur clope. Personne ne répond. J'apprends de la bouche d'une aide-soignante que la surveillante a supplié tout le monde hier de rester un peu plus tard dans l'après-midi, car il y avait de la surchauffe au bloc et que toutes les mains étaient les bienvenues... Personne ne m'avait rien demandé, j'étais parti à 14 heures pétantes. Ben, visiblement, était resté tout l'après-midi, ce qui expliquait son absence ce matin. Et son arrivée tardive, vers 10 heures.

Je le vois passer dans le couloir, fier comme un paon ; je le hèle, il me salue de la main mais continue sa route. Je jette mes gants dans la bassine, sors de la chambre et lui saute dessus :

– Ben, tu savais hier que la surveillante avait demandé de rester un peu plus tard, pour aider ?

Il rougit.

– Euh, oui, oui, je l'avais entendu mais je... euh... Tu ne le savais pas, toi ?

– Non. Tu aurais pu me le dire, je t'ai croisé juste avant de me changer et tu m'as dit que tu voulais prendre ton temps pour lire des dossiers... Je ne comprends pas... Tu savais que tu allais rester pour filer un coup de main et tu m'aurais menti ? Je ne comprends pas... Dis-moi que je me fais des films.

Je le regarde, gentiment, persuadé qu'il y a une explication rationnelle à son comportement, forcément. Et je le vois lentement se décomposer, cherchant au fond de son cerveau une excuse, si vaseuse qu'il a du mal à l'articuler, bafouillant trois conneries avant d'y renoncer. Il finit par hausser les épaules.

– Ben... tu as fait EXPRÈS de ne pas me dire qu'il fallait rester ? J'hallucine ! Mais pourquoi ?... C'est fou ! Je...

Le patient gueule un coup dans la chambre, il a froid tout nu sur son lit (je l'avais oublié, celui-là) et je fais un signe à Ben qu'on se reparlera plus tard. Je finis la toilette, cogitant à deux mille, tournant et retournant le problème, ne comprenant rien à cette histoire. Après avoir fini de ranger la chambre, je salue mon petit vieux et file dans le couloir, à la recherche d'une aide-soignante pour continuer le tour des chambres.

En passant devant la 412, porte entrebâillée, j'entends la voix de Ben, dans la salle de bains, qui s'adresse à l'infirmière :

– Ah mais il est comme ça, tu sais, tu ne peux jamais lui faire confiance. Moi, j'ai eu beau demander plein de fois qu'il fasse un effort, je vais te dire, je crois qu'il n'est pas fait pour ce métier, William... En plus, tu sais, il n'aime pas les patients, ça se voit qu'il se force. Même l'équipe, ici, il ne vous aime pas, tu sais...

– Ah bon ?

– Ouais. Surtout celles de ce matin, toi, Jeanine et Carine, parce qu'il sent que vous avez tout compris de lui.

Il y a eu des moments dans ma vie où j'ai fait de grandes scènes, des hurlantes dignes de l'acte II, avec décors, costumes et orchestre. J'en avais besoin, à ces moments-là, et ça m'avait détendu. Et il y eut cette matinée où, je ne sais pas pourquoi, j'ai senti qu'il me fallait juste pousser la porte et le regarder sans rien lui dire.

Ce que je fis.

Cinq longues secondes.

L'infirmière ne prononça pas un mot. Ben resta debout, sa bassine à la main. Et moi, après mes cinq secondes à le fixer, je fis demi-tour en fermant doucement la porte.

Il eut 18 au stage. Moi, 14.

Il tenta de s'excuser mille fois, jusqu'au dernier jour de la formation, trois années plus tard, mais je ne voulus rien entendre. Je regardais ailleurs quand il me parlait, je changeais de pièce. J'étais persuadé à cette époque que l'hypocrisie, la perfidie ou la médisance étaient des caractéristiques purement féminines ; je n'avais jamais rencontré de ma vie de garçon méchant, tout simplement méchant.

L'année suivante, aux urgences, on nous remit nos feuilles de stage. 18/20. J'étais fier. En voyant celle de Ben, 18 aussi, je tiquai un peu mais ne dis rien devant Martine, l'infirmière incroyable qui m'avait encadré. Je n'avais pas volé ma note, loin de là. Elle surprit néanmoins mon coup d'œil et me sourit. D'un petit coup de stylo, elle ajouta 0,25 à mon 18, ce qui me fit monter les larmes aux yeux. Elle me prit dans ses bras.

– William, ne jalouse pas les gens méchants, c'est une perte de temps... Il est compétent, mais il est mauvais comme une teigne. Les patients ne vont pas l'aimer, les collègues non plus. C'est de la graine de cadre infirmier pour faire des audits. Sur du court terme, il passe très bien, mais à la longue...

– OK, OK. C'est juste que ça fait mal de le voir réussir en écrasant ses proches...

– Apprends à t'endurcir, tu en verras d'autres. Beaucoup, beaucoup d'autres.

Elle avait raison, Martine.

Le jour du diplôme, la liste des reçus est affichée sur la porte de l'école, classés par note. Je commence par le bas, forcément, habitué à ne pas voir mon nom dans les hauteurs du classement... Sueurs froides en arrivant dans les dix premiers... Merde... Plus que huit, plus que cinq... Oh punaise, je sors deuxième de ma promo ! Deuxième ! Je saute dans les bras de ma meilleure amie, une prof vient me féliciter. Je reviens de loin, après avoir planté ma pratique. À quelques pas de là, Ben fume une clope, il est seul. Son nom figure au milieu du tableau. J'ai quand même envie d'aller lui dire au revoir, une dernière fois, en souvenir des jours heureux et parce que je suis peut-être plus poli que lui, lorsque Agnès, une copine, me stoppe :

– Non, tu restes là ! Quand il est arrivé et qu'il a vu ton nom en deuxième position, il a gueulé bien fort que la secrétaire devait être totalement ivre pour avoir tapé la liste en commençant par la fin. Alors tu restes là et tu viens avec nous. Allez, tu nous suis, on va dépenser des sous qu'on n'a pas à la Fnac !

Octobre 2006, il me voit en direct sur France 3, va sur Google, trouve mon site et m'envoie un e-mail pour me demander comment je vais, depuis le temps...

12.

Elle met du vieux con sur son balcon

– Madame, pour la dernière fois, si vous n'ouvrez pas la porte, le pompier va devoir l'enfoncer !

– Allez-vous-en ! Je n'ai pas besoin de vous ! Allez-vous-en !

La vieille n'en démord pas. Nous n'avons rien à fiche là. Un vieillard est recroquevillé sur son balcon depuis la veille au soir ; le jeune couple du dessus l'a repéré en fin de nuit et a attendu sagement le lendemain pour appeler le SAMU (nous), qui arrive en premier sur les lieux. Les pompiers nous suivent. La gendarmerie veut faire bonne figure. Il ne manque que les flics, le tribunal de grande instance et les caissières de Super U pour que le couloir soit devenu « le dernier endroit à la mode où l'on s'encule ».

– Madame ! J'enfonce la porte ! Reculez !

Dans les films, ça prend bien trois ou quatre coups de bélier pour faire sortir une porte de ses gonds. Dans la réalité, souvent, ça pète en arrière comme une vieille biscotte, dans les immeubles datant un peu. Les gens seraient surpris de la facilité avec laquelle on peut entrer chez eux.

Le médecin se rue sur le balcon, suivi de son infirmière attitrée, d'un gendarme, d'un pompier et de moi. Les autres interrogent du regard, à distance prudente, la vieille dame très, très remontée, qui saisit soudain une paire de ciseaux, pour détendre l'atmosphère.

– Je suis chez moi ! Vous n'avez pas à rentrer comme ça ! Je vais vous mettre un procès pour la porte !

– C'est votre mari, madame, sur le balcon ?

– Oui ! Je suis chez moi ! Vous n'avez pas à entrer dans les appartements des gens ! Fascistes !

– Pourquoi vous l'avez enfermé dehors, en pyjama ?

– Il ne voulait pas manger le repas d'hier, ça lui apprendra...

– On est en décembre, madame, il a eu de la chance que les températures soient clémentes... Il a l'air sous le choc !

– Je suis chez moi ! Je fais ce que je veux avec mon mari ! Vous n'avez pas à me dire ce que je dois faire ou pas ! Où étiez-vous en 1939, quand les Allemands sont arrivés, vous ?

– Madame, posez cette paire de ciseaux ! Je vous préviens ! Je vais compter jusqu'à trois... Un... Deux...

Pas le temps d'y arriver que la lame du ciseau fait un grand bond ; le pompier se recule et doit éviter d'un demi-centimètre la balafre qui lui aurait traversé la joue... et l'œil. Sans perdre le nord, il saisit de la main le poignet de la dame, le tord et, un peu trop virilement, lui vrille l'épaule, qui craque. Hurlement de la vieille.

Commentaire du médecin, derrière, sur un ton neutre :

– Et une épaule de déboîtée, une ! Alleeeeeeeeez, c'est encore pour bibi ! Putain, j'avais dit zen attitude, les mecs ! Pas aujourd'hui, non, pas aujourd'hui, j'ai mes beaux-parents à la maison qui me prennent la tête, j'ai la bagnole à apporter au garage pour le contrôle technique, j'ai pas commencé les achats de Noël et vous me lui déboîtez l'épaule, mais MADAME VOUS ALLEZ VOUS CALMER !

Il s'était fumé un pétard avec l'ambulancier avant de rentrer à l'hôpital. Il supportait plus le Lexomil, ça l'endormait, qu'il nous disait.

13.

Tout doit disparaître !

Les trois Trafic blancs se garent en même temps devant la porte des urgences pédiatriques, bloquant totalement le passage. Le camp entier de gitans contenu dedans se déverse dans l'entrée, alors que la vieille Mado, l'infirmière qui m'encadre, passe en mode hurlante immédiatement :

– Ooooh ! Mais vous vous croyez où ? HEIN ?! Vous allez me garer les camions ailleurs ! Allez, allez, vous partez tout de suite !

Un petit gros moustachu nous tend un jeune garçon dans une couverture, visiblement fiévreux :

– C'est pour lui, madame, il est malade...

– Vous bougez vos véhicules et vous allez vous garer DE SUITE sur le parking ! Je ne m'occupe de rien ni de personne tant que la place n'est pas claire.

Les femmes (grandes jupes de couleur, sabots), suivies des adolescentes (petites jupes en jean, gros talons compensés), suivies des gamines (jupettes Bob l'Éponge, claquettes) partent bouger les camionnettes. Restent les maris, tous calqués sur le même clone : petit, rondouillard, bonne bouille, une moustache, accent de folie, indéfinissable. L'homme retend l'enfant à Mado, qui n'est pas encore tout à fait revenue de sa colère et le jauge longuement :

– Alors, Manolo, c'est quoi le problème, cette fois ? Toi y en avoir marre de prendre le petit dans la caravane parce que toi vouloir aller faire la fête des Tulipes à Bandol ? Toi y en avoir marre de pas pouvoir faire ngolo-ngolo avec Yasmina et lui coller encore une quinzième grossesse parce que le gamin il est fragile des voies aériennes supérieures ?

Manolo ne dit rien, soupire et me regarde. Je hausse les épaules, tournant ostensiblement mes yeux vers Mado : je ne suis rien, dans ce service, juste un élève de passage, je n'ai aucun pouvoir, aucune autorité. Ma collègue est une vieille carne qui ne prend plus de gants avec personne, elle attend la retraite pour la rentrée, plus que trois mois. Ma collègue « dit tout haut ce qu'elle pense tout haut » (je cite) et ne s'en cache pas. Elle n'aime ni les Noirs, ni les basanés, ni les gitans, ni les pédés, ni les Arabes, ni les Portugais, ni les ados, ni les chômeurs, ni les feignants, ni les flics, ni les travelos, ni les putes, ni les curés, ni les politiciens. Respirez. Faites une pause. Suite de la liste. Ni les anciens combattants, ni les caissières, ni les Corses, etc.

Mado déteste et terrorise tout le monde. C'est pourtant elle, ma référente, elle qui m'encadre depuis le premier jour et finira par me noter. Je file droit même si je sens, étrangement, que je n'ai rien à craindre d'elle. Une semaine plus tôt, alors qu'une de nos collègues montrait les photos de sa chatte Hildeberte au café, les larmes aux yeux car sa plus jeune siamoise était grosse, Mado avait surpris mon regard narquois entre deux questions faussement passionnées sur cette gestation féline à la pauvre infirmière, ravie par mon soudain intérêt. J'avais tout de suite esquissé un sourire niais de circonstance, tentant de rattraper le coup, pour ne pas que Mado croie... Mais peine perdue, Mado m'avait chopé dans l'ascenseur, hilare, me bourrant de coups sur le biceps :

– T'as vu l'autre conne avec ses chats ? Quelle débile, je te jure ! Ah, je ne te voyais pas comme ça, toi ! Comment tu m'as dit que tu t'appelais, déjà ? Quelle idiote ! Et Hildeberte va devoir aller chez le vétérinaire, et Hildeberte est constipée depuis qu'elle a mangé du Sheba au poisson... Oh punaise, la gourde ! Encore une qui a eu son diplôme en jouant du pipeau à deux boules !

Va comprendre. Mado détestait tout le monde, mais elle me respectait, moi. Peut-être avait-elle compris que nous avions beaucoup de points communs. Sous le cynisme, souvent, se cachent des personnes qui ont trop peur de montrer leurs émotions. Après quelques années à travailler, je crois avoir compris que la vraie méchanceté n'est pas ostensiblement visible mais rampante, tout comme un cancer ; dans la vie comme dans le corps, les vraies saloperies avancent cachées et se déclarent tout d'une fois, alors qu'il est déjà trop tard.

Les gitans tournaient autour de nous, affolés. Nous étions neuf dans la pièce, ce qui commençait à faire beaucoup. Mado avait bipé l'interne dès l'arrivée du gamin, mais Gilles prenait son temps, après une garde de nuit assez difficile. Agacée par les réflexions en langue étrange des cinq machos courts sur pattes derrière nous, Mado se retourne et leur hurle dessus :

– MAIS VOUS ALLEZ ME FOUTRE LE CAMP ! On veut bosser tranquilles ! OUSTE !

Puis elle se tourne vers moi :

– Et toi, tu me jettes un coup d'œil de temps en temps dans cette pièce : je ne veux pas qu'il manque un seul bouchon de stylo-feutre à leur départ ou alors ils vont m'entendre chanter *Ramona*, et toi avec. Tu m'as compris ?

Regards noirs. Évaluation. On jauge. On scrute. Lentement, les manouches décident de faire marche arrière, prudemment, et partent dans la pièce d'à côté, surnommée majestueusement le « salon des jeux ». Tables de hauteurs variables, aquarium, quelques tabourets en bois, peints à la main, des boîtes de jeux, une fresque murale, des kilos de Lego par terre, un circuit de voitures, la climatisation, une console vidéo, un grand tapis de sol, le Rotary nous a payé une salle d'attente enfin digne de ce nom, à Noël. Nos urgences pédiatriques sont le top des urgences des cinq départements réunis.

L'interne nous explique que le petit souffre d'une maladie dégénérative, il est connu du service. Les parents viennent souvent le déposer au début de l'été, avant de partir faire le tour des festivals. Ils savent qu'il sera en meilleure forme dans le service que dans la caravane. Ils trouvent un prétexte pour balancer le petit, gémissent dix minutes et s'en vont aussi vite qu'ils sont arrivés. Reviennent trois mois plus tard. Font tellement de bruit qu'on les met dehors, excédés, avec leur gamin. Quelle vie ! Quels gens ! Mes collègues ont mille histoires à raconter sur les gitans et ne se font pas prier pour en rajouter une couche à chaque nouvelle version.

Deux heures plus tard, le brouhaha est tel dans le service que Mado appelle la sécurité et demande que tout le monde soit mis dehors. Ils sont bien une vingtaine d'adultes à parler fort, à s'interpeller, à sortir pour fumer dans le sas, qui reste ouvert, laissant échapper l'air frais, empuantissant l'accueil des effluves d'un mauvais tabac. Les gamins courent partout, sautent sur les sièges. Un jeune couple de « sédentaires », venu pour une otite de leur nourrisson, se cramponnent au landau, à l'accueil. Lorsque les trois vigiles payés par l'hosto pénètrent enfin dans le service, c'est la débandade en quelques secondes...

La smala se rue vers les camions blancs, les uns passant par le sas, les autres par le couloir, d'autres, enfin, après avoir fait un signe de croix, décidant de longer le mur pour repartir par la pédiatrie, on ne sait jamais, il y aura peut-être quelque chose à chiper dans le coin.

Mado me regarde, épuisée.

– Quel cirque ! Non mais, eux, je peux plus *(grand souffle las)*...

– C'est toujours comme ça ?

– Non, là, c'était rien, quand c'est le fils du chef qui est malade, ils viennent à tout le campement. Bon, va vérifier qu'il ne manque rien dans le salon des jeux, s'il te plaît. Tu y es passé régulièrement, comme je te l'avais demandé ?

– Euuuuh...

– ???

– Ben c'est-à-dire, j'avais un peu de mal à entrer, quoi...

En voulant pénétrer dans la pièce, je me rends compte que la serrure est enclenchée, de l'intérieur. Porte fermée. Je m'excite dessus, un moment, avant que Mado décide de prendre les choses en main. Elle saisit un extincteur, me demande de reculer et, d'un coup, pète la poignée blanche en plastique.

– C'est du matériel Leroy Merlin, c'est de la merde. On ne va pas perdre trois plombes à faire un bon de commande au service technique qui va le recevoir, le transmettre à un homme d'entretien, qui va te donner rendez-vous demain soir, pour reporter à samedi, pour finir par ouvrir la porte en démontant la poignée dans une semaine... Non, attends, hein ! On est entre gens civilisés, on sait se démerder !

Elle pousse la porte. Devant nous, la pièce du rez-de chaussée est vide. Mais vide, vide. Clean comme un bloc opératoire à 8 heures du matin, prêt à l'emploi.

La fenêtre donnant sur le parking est grande ouverte. Le store vénitien manque à l'appel. Plus une seule trace humaine n'est visible. Armoires, tabourets, jeux de société, halogène, tapis de sol, petites voitures, il n'y a plus rien. Au plafond, deux douilles inutiles signalent que même le néon a été piqué. Tout ce qui humainement pouvait être pris l'a été.

Je bredouille une excuse :

– Mado, je suis désolé. J'aurais dû venir surveiller plus souvent mais ils étaient tellement nombreux là-dedans et... ils n'avaient pas l'air d'avoir peur de moi...

– T'inquiète, coco, t'inquiète ! En plus, c'est bonnard, ils ont même piqué les croûtes de la mère Foucherolle. Celle-là, depuis qu'elle prend des cours de peinture à la fac, elle nous pond des horreurs au fusain qu'on ne sait plus où les mettre dans le service... On les avait collées dans le salon des jeux pour avoir la paix. Z'ont bon goût, les gitans. Je lui dirai, ça va lui faire plaisir, à la surveillante, qu'on ait chouré ses peintures.

« Monique Foucherolle, la seule artiste française à être exposée dans des caravanes. » Ça l'avait pas fait marrer, la surveillante. Nous, oui. Beaucoup.

14.

Le cachet cachant la forêt

Je me souviens de cette jeune fille qui, alors que je faisais un remplacement dans l'infirmerie d'un lycée professionnel, venait une à deux fois par jour pour demander une aspirine.

Elle osait à peine me regarder dans les yeux et chuchotait toujours sa requête, alors que bien souvent les lieux étaient vides.

L'infirmière que je remplaçais était un dragon qui avait pour habitude de fermer la porte de l'infirmerie à double tour, tricotant tranquille, assise derrière son bureau. Elle avait installé une grande pancarte scotchée sur le mur du couloir qui annonçait, en lettres capitales : « Frappez trois fois et attendez la réponse. En cas de vrai problème médical, allez consulter votre médecin de famille. »

Il va sans dire que j'ai arraché dès la première minute de ma mission la pancarte, la jetant dans une poubelle du couloir.

Le mal avait été distillé pendant trop longtemps pour qu'il soit guérissable avec ces générations-là de lycéens : aucun des secondes, premières ou terminales ne passait jamais les portes de mon infirmerie et les journées étaient bien longues.

Je lisais distraitement Cioran, j'écoutais Nick Drake. Il pouvait s'écouler une semaine sans que je ne voie personne, sauf une prof de français, de mon âge et visiblement attirée par moi, qui profitait de sa pause pour venir mâchouiller lentement son sandwich en face de moi, assis sur un siège en plastique vert. Nous n'avions pas grand-chose à nous dire.

Seule Karine, le matin, et parfois le soir aussi, venait égayer mes journées pour demander son aspirine quotidienne. Je lui posais toujours les mêmes questions :

– As-tu mal quelque part ?

– Non... enfin, oui, mais pas trop...

– Où as-tu mal ?

– Oh, un peu par là... (*et elle frottait sa tempe gauche un instant*)

– Tu n'as pas tes règles, en ce moment ?

– Oh, non !

– Parfait ! Tu ne préfères pas un Doliprune, plutôt ?

– Non... Il n'y a que l'aspirine qui me calme la douleur. C'est de famille, la migraine.

– OK.

Elle l'avalait diluée dans un grand verre d'eau. Je notais son nom, son prénom et la raison de sa venue. Puis je lui rendais son autorisation d'absence dûment signée et tamponnée, afin qu'elle puisse rentrer en cours sans ennuis.

Au bout de deux mois, mon cerveau tiqua enfin sur le petit détail qui clochait. Je lui pose les sempiternelles questions. Elle me répond avec sa timidité habituelle :

– As-tu mal quelque part ?

– Non... enfin, oui, mais pas trop...

– Où as-tu mal ?

– Oh, un peu par là... (*et elle frotte sa tempe gauche un instant*)

– Tu n'as pas tes règles, en ce moment ?

– Oh, non !

– Parfait ! Tiens, voilà ton... Attends... Tu n'as pas tes règles en ce moment ?

– Non.

– Tu n'as toujours pas tes règles ?

– Non.

– Mais ça fait combien de temps que tu ne les as pas eues ?

– Oh, je sais pas...

– Voyons voir, je vais remonter à ta première visite. Alors attends, j'ai noté ça, voyons... Mais c'était le 2 mars ! On est début mai ! Ça va faire deux mois ! Tu n'as plus tes règles depuis deux mois ?

– Oh ben oui, si vous le dites...

Elle regarde ses pieds, toute rouge subitement, et je sens sa respiration devenir saccadée. Je chausse ma tenue mine anti-personnel puis j'avance à pas de loup pour ne pas l'effrayer :

– Karine... Tu n'as plus de règles ?

– Oh ben non.

– Depuis quand ?

– Depuis un peu plus longtemps que la première fois que je suis venue.

– Tu es... euh... encore vierge ?

– Oh ben non.

– Tu as eu des rapports sexuels, cette année ?

– (*Timidement*) Oh ben oui, une fois, oui.

– Tu étais protégée ? Capote, pilule ?

– Oh ben non. Enfin... il s'est retiré, mais je crois un peu tard.

– Merde. Mais pourquoi tu n'as rien dit ? Tu as pris une pilule du lendemain ?

– ...

– Tu as été voir un médecin ?

– ...

– Tu penses que tu es enceinte ?

– Oh ben peut-être, oui...

– Mais pourquoi tu ne m'as pas demandé conseil ? Je ne mords pas, moi ! Pourquoi tu ne m'as rien fait comprendre ? On aurait pu aller au planning familial, je peux te prendre un rendez-vous avec la gynéco, tout ça... Je te fais peur ?

– Oh ben non.

– C'est quoi le problème ?

– J'osais pas vous le demander. Je venais pour l'aspirine et je me disais que peut-être, sur ce coup-là, j'allais oser vous le dire pour de vrai pourquoi je venais... Mais j'osais jamais.

Alors que je sentais la moutarde me monter au nez en grillant de vitesse la consternation, je me souvins, en un instant, une fulgurance, une image vive, mais détaillée... Je me souvins de l'affichette que l'infirmière du lycée de L. avait accrochée au-dessus de son bureau, lors du premier stage que j'avais effectué en tant qu'élève, sept ans plus tôt. Je revis la phrase, les deux mots soulignés, le jeu de mots un peu con et, soudain, la trouvai sublime : « La demande d'un cachet peut *cacher* autre chose. »

J'avais complètement oublié cette maxime. Il me fallut la grossesse menée à terme (les parents ne voulurent pas qu'elle avorte) de Karine, seize ans pour la comprendre.

Je retire de mes années de pratique, en gros, trois maximes professionnelles qui me servent régulièrement :

« On ne sous-estime jamais quelqu'un qui vous annonce qu'il veut mourir. »

« La demande d'un cachet peut cacher autre chose. »

« Celui qui ne paye pas sa part mensuelle de café ne boit pas de café, point final. »

15.

Instant thé

Je me souviens de cette fois où j'avais claqué un peu bruyamment la porte d'un boulot. Je ne m'emmerdais pas vraiment, non, mais je ne m'amusais plus. J'avais compris comment fonctionnait le bloc, comment on découpait les yeux pour y glisser ensuite les implants de cataracte. À la chaîne, toute la journée, je voyais trente incisions et trente poses d'implants. Parfois, j'avais un peu de chance et un type, en taillant sa haie, avait glissé de l'échelle, s'empalant sur son grillage et se perçant un œil au passage. Les pompiers nous l'amenaient, tout le monde s'agitait partout, le chirurgien soupesait la situation et décidait d'opérer, nous, on était presque à lever la main en criant : « Moi, chef, moi, moi, moi ! », tellement ça nous changeait de la routine.

Un matin, je me rappelle très bien, je me revois en train de mettre pour la centième fois le CD des plus grands airs d'opéra pour l'autre grand couillon qui n'écoutait que du classique « vu à la télévision ». Un air de serviette hygiénique envahit le bloc. Je souffle et décide que non, c'est la dernière fois. Sans en parler à personne (de peur qu'une collègue me manipule une fois de plus pour que je reste un mois encore), je prends le couloir, descends par l'escalier les quatre étages et vais taper à la porte de Mireille, la surveillante.

– Ouiiiiiiii ?

– Mireille, je m'en vais.

– Co... comment ça, tu t'en vas ?

– Je m'en vais, je supporte plus...

– Mais ton préavis ?

– J'ai trois semaines de vacances engrangées depuis que je suis ici. Le boss ne les paiera pas. Si tu comptes toutes les heures sup notées dans le petit cahier, je suis largement sympa en partant ce soir, à la fin de la journée.

– Eh ben dis donc, heureusement que les autres ne se décident pas comme ça ! Mais tu ne te plais plus, ici ?

– Non, je m'ennuie.

– Eh bien casse-toi ! qu'elle me balance en s'énervant tout d'un coup. Prends tes affaires, tes sabots et ne me remercie pas de t'avoir formé toutes ces heures pour te voir te barrer comme un voleur ! Allez, casse-toi !

J'avais prévu le coup, en fait, en passant un entretien d'embauche une semaine plus tôt. J'étais attendu à l'hôpital militaire, deux rues plus loin, qui cherchait un infirmier pour ses urgences. On m'avait fait passer quatre entretiens, ça s'était super bien passé, je démarrais le lendemain. J'avais juste un peu cafouillé dans mon départ de la clinique, que j'aurais dû faire un peu moins précipité et un peu plus diplomatique. Bah, c'est la vie.

Je me souviens aussi de mon arrivée aux urgences, le lendemain matin, et de l'accueil immonde dont je fus gratifié par l'équipe, médecin militaire fasciste en tête. Les infirmières pleuraient en cachette dans les toilettes, les médecins jouaient à la guéguerre des diagnostics, changeant les prescriptions ou les bilans dès que leur collègue avait le dos tourné. Le brancardier sentait la sueur et le tabac, le matériel était vétuste. J'aurais dû demander à visiter le service avant de signer. Ma première journée avait été atroce et, en racontant le soir à la maison ce que j'avais subi, l'ex fronça les sourcils en me plaignant :

– Toi, je te connais, tu ne vas pas y rester longtemps.

Je pensais être plus fort qu'eux, mais le lendemain matin, après une nuit blanche, j'avais l'estomac noué, dans les vestiaires, en me déshabillant. J'entendais les plaintes de mes collègues, au petit matin, éclairé par un néon clignotant blafard, entre les odeurs de pieds, de blouses sales et de sueur matinale (les pires). Je me demandais vraiment ce que je foutais là. Et d'un coup d'un seul, comme deux jours plus tôt au bloc, je pris le chemin du couloir ; je portais encore mon jean mais j'avais déjà ma blouse blanche en V. Je mis mes affaires dans mon sac à dos, puis couru presque dans le hall, et il ne me fallut que quelques minutes pour parcourir les deux cents mètres me séparant de mon ancienne clinique. La nana au standard me salua, comme tous les matins, ne sachant pas que j'étais parti entre-temps. Le brancardier me demanda dans quel bloc je faisais la garde aujourd'hui, mais je ne répondis pas.

Le bureau de Mireille, la surveillante, est allumé. Je frappe à la porte, j'entre, un peu en sueur. Elle me dévisage, presque moqueuse. Je bafouille deux bêtises, je la sens sourire méchamment, un peu plus encore. Sans me répondre, alors que je m'enferre dans des explications de plus en plus vaseuses, je la vois se retourner, saisir une feuille polycopiée sur un paquet bien rangé, à droite de son bureau, et me la tendre.

– Tiens, c'est un CDD à la semaine. Je ne vais pas aller plus loin avec toi, je me méfie, maintenant. Mets ton numéro de sécu, ton adresse.

– Mais pourquoi, tu les connais, Mireille.

– Écoute, William, tu veux bosser aujourd'hui ? Tu mets ton numéro de sécu, ton adresse. Et je ne te reprends pas l'ancienneté, bien sûr.

– Mais...

– Je suis bien embêtée parce que je n'ai trouvé

personne pour te remplacer, mais pas désespérée au point de me faire mettre par derrière.

– Oh, l'abus ! Ce n'est pas à ce point, tout de même !

– Tu te crois au McDo ? Tu passes au drive prendre un boulot ?

J'avais signé, bien sûr, et j'avais récupéré ma place. Mes collègues (du moins ceux qui me connaissaient mal) avaient été sidérés, autant par mon départ de l'hôpital que par mon retour parmi eux, et puis on avait parlé de la *Nouvelle Star*, au café, comme si je n'étais jamais parti.

Le chirurgien n'avait pas levé la tête à mon entrée dans le bloc, il avait juste désigné d'un rapide coup d'œil la platine CD :

– William, mets le best of de la Callas, s'il te plaît. Et saute la 1, elle me déprime.

16.

Rayons X

– William, vous ne feriez pas un week-end à l'infirmerie des Grandes Galeries Parisiennes, par hasard ? Nous n'avons personne sous la main à l'agence. Ça risque de bouger un peu, c'est les « 4 J », vous savez, ces fameuses journées où le monde entier vient profiter des soldes sur les soldes.

– Ils payent le repas, non ?

– Oui ! Et vous aurez les quinze pour cent sur tout le magasin réservés au personnel. Ça peut être intéressant. *Deal* ?

– *Deal* !

9 h 20

Je sors du métro, il n'y a pas âme qui vive dans les rues de Paris, tout est désert, la chaleur commence enfin à pointer le bout de son nez pour la première fois de l'année. Je me présente à l'entrée du personnel, mon passeport en main, le garde-chiourme me jette un vague coup d'œil fatigué et me dit : « C'est au huitième, après l'ascenseur. » Il ne vérifie même pas qui je suis, rien.

Je rentre sous la fameuse coupole classée monument historique. Le grand paquebot est encore vide, les stands sont recouverts de bâches blanches, je découvre un lieu que je connais sous un jour totalement différent. Je déambule dans les rayons quelques minutes, m'offrant un luxe, que dis-je, le fantasme, de tout client laissé seul dans le temple de la consommation pour s'y repaître jusqu'à l'écœurement d'étiquettes, de promos et d'offres « spécial point rouge ». Je peux toucher, soupeser, déplier, personne ne me dit rien.

9 h 30

Mon ascenseur, celui du service médical, s'arrête péniblement, les portes s'ouvrent sur des locaux vieux et un peu miteux. Bouche bée, je lâche un juron retentissant à la vue des fenêtres : panorama panoramique sublime sur les toits de Paris. Nous sommes en hauteur. Seuls. Dans un silence quasi absolu. Les immenses baies vitrées proposent une vue incroyable, une vue de prince, une vue magique sur toute la capitale.

J'apprends rapidement qu'ils cherchent un infirmier à temps plein. J'ai du mal à décrocher mes yeux du paysage, mais l'info parvient à mon cerveau. Une de mes collègues aime la photo, elle me jure que la vue est extraordinaire, tous les jours, que la luminosité est hallucinante par temps d'orage, que le service est calme, loin de l'agitation vaine des rayons bariolés quelques dizaines de mètres plus bas, puis elle me demande si j'aime le café fort, parce qu'on va s'en jeter un petit tranquille sur la terrasse pour commencer la journée. J'adhère immédiatement à sa conception du travail.

10 heures

C'est parti, une gamine s'est pris un chapeau en paille dans l'œil, les pompiers l'amènent. Oui, il y a des pompiers, presque une brigade, dans le magasin, ils sont répartis dans les étages et attendent patiemment les malaises ou les départs de feu. Je demande si ça arrive souvent. Visiblement, pendant les soldes, les incidents sont nombreux, parfois graves, mais c'est normal : le magasin accueille chaque heure l'équivalent d'une petite ville de province, rien qu'au rez-de chaussée. Je siffle d'émerveillement, ce qui agace ma collègue Marie qui m'avoue détester les urgences et la vue du sang.

– Pourquoi tu as fait infirmière, alors ?

– Pour la paye.

Je reste pantois.

11 h 30

En un incessant ballet, les salariés viennent demander un Doliprune avant d'avoir mal à la tête. Sont-ils prévoyants ces gens !... C'est bien, au vu du bordel qui règne déjà en bas, musique à fond, animateur vantant les mérites de la gaine Splendor, avec une voix de stentor et une élocution digne d'un grand oral de CAPES de philo (je sais de quoi je parle, j'ai vu *L'Étudiante* plein de fois, j'adore Sophie Marceau), les clients chinois qui les assaillent toutes les cinq minutes en tendant des dollars par poignées et demandent du papier cadeau même pour les stylos offerts par la maison, les pickpockets qui sont nombreux dans le magasin et qu'il faut sans cesse surveiller (scoop, il y en a une douzaine le samedi, prédilection pour la parfumerie, âge moyen huit à dix ans, des gamins propres et bien habillés, on dirait de petits Italiens en vacances) et le fameux « chiffre » à atteindre, mot magique et redoutable dont j'entendrai parler toute la journée.

« Le Chiffre » est également le nom d'un méchant dans un *James Bond*. Ça tombe bien, aux Grandes Galeries, c'est tout comme dans *James Bond*, le méchant « Chiffre » terrorise tout le monde, et il demande un montant astronomique pour fiche la paix aux gens. Il est dans toutes les têtes.

12 heures

Ma première vraie urgence, options blouse blanche, défibrillateur – sac à dos d'urgence sur le... dos ! – ambu et sa copine Oxygène, et un pompier mannequin pendu à mes basques.

Je ne sais pas si la foule s'ouvre parce qu'il est beau comme un dieu ou parce que je tends d'un air menaçant la grosse bouteille d'oxygène devant moi en poussant des cris de rhinocéros qui charge, mais la foule comprend vite et nous laisse passer, je me sens tout fier de me frayer un passage dans le petit peuple si rapidement. François le pompier douche froidement ma joie :

– Oh ben dis donc, c'est la chance des débutants, passkici les gensss (*prononcer les trois s bien comme il faut*) faut les écarter à la hache quand il y a une urgence vitale.

– Ah.

Le type est par terre, un peu rouge, un peu suant, un peu trop gros aussi, et on s'agenouille près du rayon sacs à main entourés de gensss (prononcer les trois s bien comme il faut) pressés d'en savoir plus et bien mieux formés que moi à l'urgence vu la pertinence et la promptitude à me balancer des conseils sur ce qu'il convient de faire :

– Pardi, c't'affaire, lui faut un Ricqles !

– C'est un malaise de popotension, ma sœur fait les mêmes, lui faut un fauteuil.

– Il est mort le monsieur, maman ?

– Massez-lui le cœur, j'étais secouriste dans le temps.

– Vous êtes médecin ? Vous ne voulez pas regarder l'œil de ma femme après ? MOOOONIIIIQUE ! Viens ici, y a un docteur qui va te regarder l'œil.

– Oh ben, il n'est pas très rangé votre sac à urgence, je n'aimerais pas être soigné par vous.

– C'est grave docteur ?

Flash-flash-flash.

Car, oui, nous sommes pris en photo, filmés, les téléphones portables tendus en avant, vers nous, et un type se met même dos à moi pour se faire immortaliser en souriant vers sa femme. Je reste digne même si je bouillonne intérieurement, car François me chuchote que c'est toujours comme ça et qu'il faut aimer travailler en public.

Le type a juste un peu chaud. On le laisse partir vite fait après deux gorgées de flotte, c'est un Ukrainien plein aux as qui me donne cent dollars pour la peine. Un pourboire. Non mais je rêve.

13 h 30

On nous amène un jeune couple de postados italiens à l'infirmerie, elle en jean et soutif, du sang à peine séché partout sur les seins, l'arcade sourcilière explosée, lui hâtivement rhabillé, pas très fier, tous deux complètement hagards de se retrouver là devant nous. Après un rapide interrogatoire, je comprends, un peu stupéfait, que le jeune type baisait madame dans la cabine d'essayage et que sous les coups de boutoir de son Napolitain de conjoint, la jeune Romaine se sentant partir en vrille de plaisir s'était fortement jetée la tête en arrière, dans la patère en fer qui n'attendait que ça.

En plein dans l'arcade sourcilière, ouverte alors comme le Grand Canyon, cascade de sang, rhabillage en urgence : les points de suture sont le meilleur coitus interrompus jamais trouvé, elle aura bien retenu sa leçon.

14 heures

Marie, ma collègue, tremble de peur, parce qu'on nous a annoncé une double urgence et que nous allons devoir y aller tous les deux. Elle tente une approche :

– Tu ne veux pas aller voir la deuxième après la première par hasard ?

– Ça ne me paraît pas l'idée du siècle, Marie.

– Oooh j'aime pas ça, j'aime pas ça !

– C'est ballot... Dis, pourquoi tu fais ça si tu as autant peur ?

– Parce que je travaillais chez Sephora et qu'ils ont fermé, c'était juste en face, on n'avait jamais de grosses urgences, à part des vaporisations de parfum dans les yeux. Ça ne t'embête pas qu'on tire à pile ou face qui va où ?

14 h 05

Mon urgence en est une, et une vraie, mais j'arrive trop tard.

Le SAMU constate la même chose.

14 h 30

Je bois un café en pensant à la vie.

15 heures

Deux Égyptiennes hystériques, en larmes, couvertes de bijoux, liftées et tendues comme une bâche en plastique sur le tas de bois au fond du jardin tenue par des Sandow, sont amenées par les pompiers.

Injures en arabe, entre elles, ce sont deux sœurs d'après la traductrice, une vendeuse du stand Gucci qui parle leur langue montée en urgence. L'une des deux veut arracher les yeux de l'autre, qui a nonchalamment fait ses courses le sac un peu trop ouvert pendant qu'un jeune enfant, âge moyen huit à dix ans, super propre, super bien habillé, comme un petit Italien en vacances, lui tournait autour. Le gosse en a profité pour lui emprunter « momentanément à vie » pour trente mille dollars de bijoux.

Au moment où je commence à me dire que les gensss (prononcer les trois s bien comme il faut) sont un peu cons parfois, arrivent le détective du magasin et son adjoint – ah bon, on a un détective à demeure, nous ? Le détective ressemble à Poirot, en moins bien habillé certes, mais même moustache, mêmes yeux, même nœud papillon, je m'attends presque à ce qu'il sorte la loupe pour renifler les empreintes du voleur sur la dame. L'Égyptienne lui saute dessus :

– *Waqef zayy el-loh keda leh ? Ma tegri warahom yekhreb betak, eh el-mahall da ?*

– Mèdème ne parle pas franci ? (*Hercule Poirot lève un sourcil étonné*)

– *Faransawi fe eenak we een elli khallefuk !*

– Mèdème, sachez que mon assistant...

– *WE SIGHTI ? HA TEEMELU EH B-SIGHTI !!!*

Le détective se tourne vers la vendeuse du stand Gucci :

– Mais traduisez, mademoiselle, enfin, traduisez !

– Traduire quoi ? Que vous allez les emmener au

commissariat ? Comme d'habitude ? Mais nous n'avons pas une autre option ? Vous ne voudriez pas surveiller un chouia plus les Roumains, au PC sécurité ? Tout le monde sait qu'ils sont là depuis l'ouverture du magasin, on vous a appelé au moins dix fois !

– Mademoiselle, je vous assure que...

– Toujours le même baratin ! Vous ne vous bougerez que le jour où l'une d'entre nous se fera tuer, tiens ! Ne comptez pas sur moi pour leur mentir, je vais exactement leur expliquer qu'il n'y a rien à faire à part pleurer et porter plainte.

Quelques minutes plus tard, les deux femmes repartent en s'appuyant l'une sur l'autre, et je les entends s'injurier, mais plus discrètement, en descendant vers l'ascenseur.

17 heures

Entrée en scène de Miss Hystérie, au moins une par jour, la grande scène du II, juste après le lever de rideau, la fameuse dite de « la glotte qui s'agite ».

Vingt ans, anorexique, très maquillée. De bonne famille, une blonde assez mignonne. Dommage pour elle, je ne fais pas dans la compassion aujourd'hui, j'ai déjà délivré toutes mes doses d'empathie.

– AIIIIIIIIIIIDEZ-MOIIIIIIIIIIIIIIIIIIIIIII !

– Oui, qu'est-ce qui ne va pas ?

– AIIIIIIIDEZ-MOIIIIIIIIIII !

– Racontez-moi tout, je vous écoute.

– AIIIIIIIIIDEZ-MOIIIIIIIIIIIIIIIIIII !

Je commence à saturer. Je vais droit au but, après tout, comme je dis toujours, « je n'ai pas fait psycho » :

– Écoutez, moi vouloir aider vous, mais vous pas péter tympans à moi sinon moi pas content et moi appeler urgences psy pour enfermer vous.

– Ah ?

– Oui, être comme ça, wikende. Vous avoir prénom ?

– Oui, Mirande.

– Ah, ça être original.

– Oui. Vous n'êtes pas français ?

– Non, moi être akhbikistan.

– Il n'y a pas de Français dans le service ?

– Non.

– Personne d'autre que vous ?

– Non.

– OK.

Elle se lève, un peu déçue de voir que le spectacle prévu pour durer une bonne heure va s'arrêter faute de spectateurs intéressants, prend son sac, me lance un théâtral : « *À la revoyure !* », et dévale l'escalier.

Ah, voilà une bonne chose de faite, je n'ai jamais pu blairer les hystériques. Montre en main moins de neuf minutes, record perso battu. Penser à le noter pour comparer avec celui des collègues.

19 heures

C'est la fin de la journée, je suis un peu sur les rotules, la chaleur de la rue est peu à peu montée dans les étages pour gagner toutes les pièces de l'infirmerie. Je suis appelé sur un stand au troisième, pour « un problème de la plus haute importance » me dit mon mystérieux interlocuteur, sans préciser plus.

Avec mon pompier, nous arrivons près des robes de luxe, essoufflés, en nage, et nous trouvons un Russe et madame, en larmes.

J'interroge du regard le chef du stand, qui me prend à part. Lui, c'est un peu le genre « coiffeur Kevin I love Mylène Farmer », qui porte un tee-shirt blanc taille six ans et un jean dans lequel je ne rentrerai pas un avant-bras. Quarante bracelets en cuir autour des poignets, de grosses lunettes carrées à la JR Ewing, sous une coupe à l'iroquois. Il paraît que c'est la mode. Sur un ton saccadé, d'une voix de fausset, il détache chaque mot comme si j'étais un sourd-muet ne pouvant lire que sur ses petites lèvres (maquillées) :

– Faites vite, faites vite mais SURTOUT ne lui faites aucun mal... On en est à plus de vingt et un mille euros, et le mari n'a pas encore sorti la carte de crédit, mais on allait y arriver...

– Où est le problème ?

– Oh, tout allait bien, c'était parfait, elle montrait du doigt, il nous traduisait, elle essayait à peine une cuisse puis c'était mis de côté, et là, il n'y a pas cinq minutes, le drame, le drame, le draaaaaame, elle s'est accroché le doigt à la boucle d'une chaussure. Voyez de vous-même comme ça saigne.

– Ah, ça saigne beaucoup ?

– Vivivivivi, des litres, des litres, mais interveneeeeeez, vite, allez.

Je fais la moue.

– Des litres, hein ?

– Mais regardez, enfin, regardez !!

Je vois l'égratignure d'un demi-millimètre qui paralyse cinq personnes sur un stand, en attente du paiement en carte Gold de l'équivalent de dix mois de salaire.

La dame pleure à grosses larmes. Vu l'aspect lisse de ses pommettes et l'absence totale, absolue, de la moindre ride sur son visage, je lui donne un bon cinquante-cinq ans à vue de nez, et j'en conclus qu'elle a dû connaître plus de jours sans pain sous Brejnev que d'écorchures à l'index sur un stand Bior, dans sa vie. Mais bon, à la gare comme à la gare, comme je dis toujours en prenant le train.

Majestueux, je fais un grand moulinet de la main et je saisis la mimine endommagée.

Sans me retourner, je jette un très sec :

– Dakin !

Le pompier saute sur le sac et farfouine avidement dedans.

– Compresses, vite. C'est une urgence, pressons, pressons.

Je prends un ton compatissant, genre « sœur

Emmanuelle va vous sauver médème », et j'applique avec une pression infime, millimètre par millimètre, un coin de compresse humide sur la plaie du siècle.

Elle geint. Le stand retient son souffle. Je passe sur la coupure. Elle pousse un petit cri. Kevin Farmer se tord les doigts d'angoisse. Je pose le pansement. Le mari est à l'agonie. Je la regarde, on dirait un mouton syphilitique qu'on mènerait à l'abattoir :

– *It's finished, are you okay, milady ?*

Elle me jette une œillade humide mais impériale et très « Joséphine de Beauharnais vous accorde une rente à vie pour vous remercier des services rendus à la patrie », elle me saisit le poignet libre et le serre fort.

– *Thank you, thank you so much for your help, thank yooouuuuu.*

Soupir de soulagement commun des cinq garçons sensibles du stand, dont un, presque en globe urinaire depuis une demi-heure, relâche sûrement sa vessie d'un coup sec, et se trouve dans l'obligation de partir vers les vestiaires. La vente peut reprendre.

Ma journée se termine.

Devant l'ascenseur, avant de remonter, le second en caisse m'appelle au loin et arrive à me tendre mon cadeau à la seconde où les portes se referment.

Je mets le pied. Elles s'ouvrent à nouveau.

Je regarde le machin violet dans ma main :

– C'est quoi ?

– C'est un « collier de poignet » en tissu de Chine,

de la nouvelle collection, cadeau de monsieur Serge... Merci pour tout, vraiment.

– OK, à samedi prochain.

– Ouiii.

À samedi prochain, oui.

Le samedi suivant. Je lis pour la troisième fois le vieux *Figaro Madame* oublié dans l'entrée quand soudain, enfin, le téléphone sonne. Je regarde l'heure.

11 h 15

La responsable du magasin Buitton m'appelle, affolée :

– Vite ! Vite ! Y a une urgence vitale ! Vite ! Prenez un pompier, vite !

Je saute sur le sac de réa qui contient le nécessaire et plus encore pour sauver les rescapés d'un avion crashé sur une île du Pacifique, je trouve le défibrillateur au fond de l'armoire, je remets ma blouse blanche d'aplomb et je cours vers l'ascenseur du service médical avec Tibère, le pompier de garde.

Nous nous retrouvons près du stand Sheishodi, où des mémères nord-américaines font la queue pour de l'anti-rides à cent cinquante euros le flacon, j'en bouscule de joie deux Chinoises qui attendent un des maquilleurs de Bior, car Bior vous maquille à l'œil, pour peu que vous aimiez être regardée par deux cents touristes amusés pendant le relookage.

Tibère joue des coudes et élève la voix, tout en me tirant d'une main vers le coin du maroquinier le plus cher de la place, il commence à y avoir sacrément du monde, c'est samedi matin, normal, les trois jours les plus bondés de l'année sont pour le début de la semaine prochaine, et les futurs acheteurs viennent zyeuter et repérer.

Nous arrivons dans la boutique, à peine essoufflés. Une cinquantaine de Chinois, de Japonais sont agglutinés devant les vitres, à l'extérieur du « magasin » et ne perdent pas une miette de ce qui se passe, de l'autre côté des sacs et des mallettes. On les a fait sortir en urgence, la Star Américaine est en train de mourir.

Ou presque.

Je m'approche des gardes du corps, deux énormes Blacks gaulés comme des menhirs, oreillettes, lunettes de soleil, ils esquissent un pas gracieux mais ferme sur le côté en me montrant d'un pouce la scène du crime. La responsable du magasin est complètement verte d'angoisse, une mare de sueur à ses pieds, l'attachée de presse appelle tous les chirurgiens de Paris, la styliste cherche un verre d'eau pour y faire fondre un sucre, il ne manque que Bozo le clown pour que la scène soit parfaite, mélange d'hystérie et de Grand-Guignol, une pincée de fric et un air de futur scandale à tuer dans l'œuf, je le sens, je le sais.

La Star Américaine est assise sur un banc, la bouche tordue, et se penche en avant sur son escarpin bordeaux immense, s'en frottant le bout d'une main aux doigts incroyablement fins et sublimement manucurés. Ses cheveux sont splendides, on dirait une pub pour L'Oréal, tellement ils sont incroyables, légers, je suis sûr qu'ils tombent au ralenti quand elle tourne la tête, comme dans les spots de la marque avec Beyoncé. Elle a un petit ensemble bleu nuit très chic et un sac à main Gucci qu'elle a posé sur le banc de cuir épais.

Je ne l'ai pas encore reconnue.

Je m'approche, je me mets à sa hauteur, jambes pliées, les fesses en l'air comme un vieux Marocain qui regarde la circulation place Djema'a el-Fna et je lui souris :

– Madame ?

– Ah, vous êtes là !

La responsable du magasin ameute tout le monde :

– Le médecin est arrivé, le médecin est arrivé !

Quelques flashs crépitent derrière nous, les Japonais sentent qu'il se passe quelque chose d'important et qu'il va y avoir de l'événement. Je regarde la Star Américaine en souriant et mon estomac se noue, c'est elle, punaise, c'est bien elle, la vraie, la VRAIE ! Eh bien c'est dur à croire mais elle ressemble quand même vachement à... elle-même. C'est stupide mais c'est vrai, je pense toujours la même chose chaque fois que je croise un people, c'est dingue comme ils sont ressemblants à l'image que je me fais d'eux.

Je lui montre son pied :

– Que s'est-il passé ?

– Un des messieurs de la sécurité (*elle me montre du doigt un sumotori d'un demi-quintal près de la caisse*) a écrasé le bout de ma chaussure en faisant sortir les gens, j'ai cru mourir tellement ça m'a fait mal, j'ai le pied en miettes, je suis fichue, je suis fichue, je ne vais plus pouvoir bouger, j'ai un concert dans trois jours, mais qu'est-ce que je vais devenir, vous vous rendez compte ? C'est cassé, n'est-ce pas ?

Je souris, mais doucement :

– C'est-à-dire que je ne suis pas Superman, je n'ai pas le pouvoir des rayons X, je ne vois pas à travers les chaussures, vous savez. Si vous me permettez de regarder...

– AH NON ! Pas ici ! (*suppliante, elle tourne la tête vers les appareils photos*)

– Oui, je comprends.

Je réfléchis un instant. Puis me décide en une demi-seconde. Je tente le coup pour le coup :

– Je vous comprends tout à fait, ça doit être atroce.

Elle me regarde avec curiosité. Je reprends :

– Se faire écraser le pied par un tel gugusse, vous qui chaussez du douze, ça doit faire très mal. Je le comprends très bien... Vous savez, moi, quand je danse avec les filles, je suis persuadé d'être John Travolta et dès que je piétine l'orteil de ma partenaire je la vois se crisper de douleur et sourire pour me faire plaisir même si la nana est au bord de l'évanouissement.

Elle se remet les cheveux derrière les oreilles (son tic absolu) et, en me montrant les deux paumes de ses mains, secoue la tête :

– Absolument !

– Comme un grand voile blanc devant les yeux ?

– Oui, oui, oui, absolument !

– Une sensation de tournis ? De points noirs devant les yeux !

– Oui, c'est ça.

– Clair, vous avez vraiment dû avoir très mal, je vous comprends.

– Ah, vous me comprenez. (*elle hoche la tête plusieurs fois, soulagée*)

– Puis-je vous demander si, à l'intérieur de la chaussure, vous pouvez plier les doigts de pied ?

Je la sens prendre sur elle pour faire un immense effort, elle se concentre, tord la bouche et je vois le bout de son escarpin frémir. Gémissement de plaisir ou de douleur (*?*), elle me regarde et me murmure :

– Ça bouge, ça bouge !

– Parfait, c'est bon signe. Je vais vous donner un petit quelque chose à prendre avec de l'eau et ça ira déjà mieux dans dix minutes.

– Je peux le prendre avec mon Gatorade ? Ça passerait tellement mieux, s'il vous plaît ! Je déteste les médicaments ! (*elle me supplie comme une gosse.*)

– Bien sûr, bien sûr !

Regard éperdu de bonheur, elle fait un signe de la main à son assistante qui va chercher dans une petite glacière, sûrement dans la voiture, une bouteille fraîche de Gatorade.

Pendant ce temps, la Star Américaine lit mon nom sur la blouse, ma vieille blouse d'infirmier, avec le sigle de mon premier hôpital, le nom de mon premier service. Elle me regarde avec curiosité.

– Vous êtes un vrai infirmier ?

– Oui.

– C'est quoi, la « médecine physique » ?

– C'est de la rééducation, les gens blessés après un accident de la route, la kiné, les opérations de jambe, de bras...

– Ma mère a eu une prothèse de hanche.

– Ah ben voilà ! Elle a dû aller en médecine physique, alors.

– Je lui demanderai.

– Tenez, avalez.

Elle déglutit délicatement ses cachets de paracétamol puis me regarde, anxieuse :

– Ça va aller dans l'avion, ça ne va pas gonfler, je repars cet après-midi...

– Non, pas de souci, de toute façon, vous n'allez pas y aller en kayak, hein, c'est un peu trop loin pour rentrer chez vous de cette façon.

Elle fronce les sourcils, réfléchit à ma remarque puis me fait entendre son petit rire musical. Elle incline la tête et me dit en anglais, en secouant tout le visage, le nez retroussé :

– *Cheeeeky* !

– C'était bien, ce que vous avez dit à la télé.

– Merci. Je ne pouvais dire moins. Mais je suis inquiète, ça va vraiment aller ?

– Écoutez, je vous propose ça : on attend demain, et si demain vous ne pouvez pas poser le pied par terre, radio en urgence et gros procès au gorille du stand Buitton pour non-respect de priorité sur cliente en achat de sac à main. Ça va les calmer.

Elle rigole encore plus franchement :

– Pas des sacs à main, des portefeuilles, j'achetais des portefeuilles. Trente.

– Trente ?

– Oui, c'est pour offrir.

– Plaisir d'offrir, joie de recevoir.

– ...

– C'est rien, c'est un vieux truc écrit dans les fêtes foraines, ici, sur les machines à tirette.

Elle se demande de quoi je parle mais décide à la même seconde que tout ça a assez duré. Elle se relève et me tend la main :

– Merci, monsieur (*elle regarde ma blouse*) William.

– De rien. (*je me tourne vers le pompier*) Tibère ! Tu connais le numéro de l'infirmerie ? Ouiiii ? Merci ! (*je le note sur une carte de visite du magasin empruntée sur le comptoir et je lui tends.*) Vous pouvez appeler à ce numéro jusqu'à 20 heures, ce soir, en cas de problème, je serai ravi de vous aider, n'hésitez pas, ok ?

– OK, merci, merci infiniment, merci. *Have to go, thank you.*

Le directeur du magasin arrive en sueur à la seconde où le cortège de véhicules redémarre. Il me regarde avec anxiété :

– Alors ? Alors ?

– C'est réglé, ça ira.

– Ouf ! Merci pour tout. Ça fait longtemps que vous travaillez pour nous ?

– Hum trois heures, je suis intérimaire, je ne viens aider que le samedi. Il n'y a que des arrêts maladie en ce moment, rapport au fait qu'elles sont pas super bien payées, les filles.

Il me toise :

– Oui, eh bien, allez, hop, retournez à votre poste.

Le soir, en rentrant à la maison, je me suis demandé si je l'avais bien rencontrée ou si ce n'était qu'un rêve.

17.

C'est pour un sondage, monsieur

– L'heure est grave, me dit-elle en clignant de l'œil. Tu vas enlever ta première sonde urinaire tout seul !

Je soupire.

– Allons, allons, tu l'as vu faire mille fois depuis le début du stage, je suis persuadée que tu vas te débrouiller comme un chef. Je te laisse y aller tout seul. Tu reviens au poste de soins dans cinq minutes, quand tu auras fini !

Elle l'a facile, elle. Tout seul ! Carrément ! Mais je suis en deuxième année ! Je suis proche du rien, proche du zéro infini, elle est totalement irresponsable, l'infirmière. Mais, elle m'encadre, elle me note, elle me jauge et elle a décidé depuis ce matin que je devais me débrouiller sans elle.

Je fais un petit sourire contraint et je pars, le pas super lourd, vers la chambre 17. Toque deux fois. Le chef d'entreprise fraîchement opéré de sa prostate pose son *Figaro* et me regarde entrer avec anxiété.

– Ah, c'est vous qui allez l'enlever ?
– Ouais. Cachez votre joie.
– Cachez la vôtre, jeune homme, j'ai l'impression que ça vous angoisse encore plus que moi.
– Pas du tout ! *(sourire timide)* C'est une affaire qui roule, une formalité de douane européenne, un aller-retour dans l'huile, pensez-vous, je suis super détendu et super content de vous le faire.
– Rassurez-moi, dites-moi que vous ne ferez jamais de cinéma. Dites-le. Non parce que, entre nous, vous êtes le pire acteur de toute la jeune génération, si, si, je vous jure.
– Tsss.

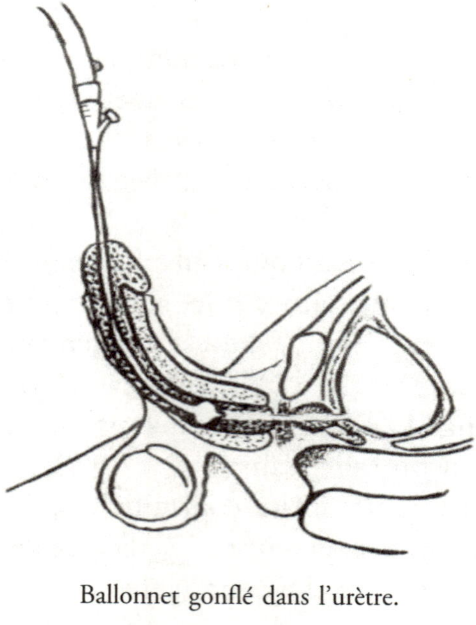

Ballonnet gonflé dans l'urètre.

Mentalement, je me refais les actes dans l'ordre, me récitant la conduite à tenir. Je ne sors pas mon bristol de la poche, pour ne pas affoler le type. Alors en un, je fais ça, puis en deux, je… OK. Lavage des mains, enfilage des gants. Le type baisse son survêtement et ferme presque totalement les yeux, laissant une maigre fente ouverte sur ses deux pupilles qu'il visse sur mes mains. Je suis scruté pendant que sa verge perd quatre-vingt-quinze pour cent de son volume, en un instant, magiquement. Dans un souffle d'agonie, il me lance :

– Ne me faites pas de mal, je vous en supplie.

– Mais non ! Rassurez-vous, je serai doux et discret comme une hyène !

Ma citation de *Papy fait de la résistance* ne le fait pas rire. À savoir pour la suite, loi numéro 42 : tout homme s'apprêtant à se faire retirer une sonde urinaire de la verge n'a plus le moindre sens de l'humour. Info intéressante.

De la main gauche, je passe doucement ma compresse imbibée de Bétadine sur son gland, pendant que de la droite je maintiens vers le ciel son pénis contracté par l'angoisse. La gigantesque sonde jaune translucide en plastique, épaisse comme un gros fil de téléphone, sort de sa verge et plonge dans une poche urinaire, attachée sur le côté du lit.

– Prêt ? J'y vais !

Il se cramponne à son *Figaro* et me regarde tirer d'un coup sec sur la sonde, qui ne bouge pas d'un millimètre. Le type devient blême et halète :

– Ayéditemoiqueayé ?

– Non, on a fait un millimètre.
– Ohputaindesamère.
– Allez, j'y revais.

Coup sec sur la sonde puis, poignet crispé, je redonne de nouveau trois ou quatre impulsions violentes, faisant sauter au plafond le type, cramponné de toutes ses forces à sa chronique boursière. Il est en sueur. Ouvre un œil, me regarde, suppliant :

– Dites-moi que ça y est !
– Non.

À ce moment, la porte s'entrebâille et l'infirmière passe la tête, clignant de l'œil à mon intention.

– Dis, mon chou, tu n'hésites pas, hein, quand on dégonfle le ballonnet, on retire parfois vingt millimètres cubes de flotte, alors aspire tout ce que tu peux avant de tirer, OK ? J'avais oublié de te le dire mais souvent, ici, on gonfle bien les ballonnets. À tout de suiiiiiiite !

Et elle referme la porte.

Oh punaise. Le ballonnet. Je l'avais oublié, celui-là. Alors que je saisis la seringue pour aspirer le sérum physiologique contenu dans ce foutu ballonnet, j'entends un murmure d'agonie en tête de lit :

– Oh le con, il ne m'avait pas dégonflé mon ballonnet...
– Écoutez, vous allez rire, je...

Et alors que j'aspire à ce moment le liquide, même pas à mi-seringue, la sonde jaillit toute seule de son méat et s'écrase sur le couvre-lit, pleine de sang séché. Le type pousse un soupir de bonheur. Puis un râle de plaisir. Je prends la sonde, fais un nœud, la jette dans la poubelle. Me dirige vers la porte. L'entends gueuler derrière :

– Je suis tellement soulagé que je ne vais pas vous faire de procès, mais barrez-vous vite avant que je change d'avis. Je vous le promets, la vie est bien faite, un jour vous aurez mon âge et une sonde urinaire dans la verge. Et un jour, une élève infirmière oubliera de dégonfler le ballonnet avant de vous l'enlever. Je vous le promets, je vous le garantis sur facture : la vie est bien faite. Un jour votre tour viendra aussi.

Régulièrement j'y pense, quand je pisse. Je suis sûr (je ne sais pas pourquoi) qu'il a raison. La vie est effectivement très bien faite.

18.

Laissez-moi deviner

– Écoutez, vous m'êtes très sympathique, mais je le sens, je ne reviendrai pas du bloc. À mon âge, une anesthésie, vous savez, c'est risqué...

– Qu'en savez-vous ?

– J'étais sage-femme.

– Bah, les sages-femmes, à part les accouchements, qu'est-ce qu'elles y connaissent ?

– Plus que les infirmiers.

– Ça dépend de l'infirmier...

– Vous ferez attention à mes affaires, quand je serai partie, vous fermerez ma chambre à clé.

– Vous voyez, si vous voulez que je ferme, c'est que vous seriez embêtée qu'on vous pique des trucs, donc vous savez que vous allez revenir...

Elle se redresse sur un coude et me fixe droit dans les yeux, très, très sérieusement :

– William, regardez-moi bien. Je ne sortirai pas vivante de ce bloc.

Je décide alors de la croire, comme je fais chaque fois qu'un patient me parle de sa propre mort. Menace de suicide, sensation de mort imminente, je crois sur parole, depuis le premier jour de mes études. J'ai rarement eu de fausses alertes. Et quand j'en ai eu, c'était tant mieux, nous nous en réjouissions tous après, ensemble.

Je m'assois sur le lit et je lui prends la main, sa vieille main toute ridée, dont les veines bleues jaillissent çà et là, sous les petites taches de vieillesse. Je lui parle doucement :

– Si vous pensez que vous n'allez pas revenir, que puis-je faire pour vous, alors ?

– Gardez-moi ça dans votre poche *(elle me donne sa vieille montre)*... et puis ça, aussi... *(Soigneusement elle ôte ses bagues une à une, qu'elle me tend.)* Voilà.

– Je vais les mettre au coffre de suite, sinon ça va faire des histoires, madame Manceau. Il est juste là, à deux pas, dans la salle de bains.

– Non. Gardez-les sur vous, je vous fais confiance. Je préfère. J'ai mes raisons.

– Mais elles seront plus en sécurité dans le coffre de votre chambre...

– Non. S'il vous plaît.

– OK.

L'appel de la salle de réveil est réceptionné par une collègue qui m'annonce froidement, entre les vestiaires et le couloir, la nouvelle :

– Dis donc, William, tu as bien pris tout ton temps

au self, merci les copines, il ne me reste même pas une demi-heure pour manger… Je me change en quatrième vitesse et j'y go. Demain, je te préviens, c'est moi qui prends la pause la première, hein… Ah ! Le bloc a appelé, ta vieille est décédée pendant l'intervention…

– Madame Manceau ?

– Manceau, voilà. Tu m'étonnes, quatre-vingt-neuf ans, cardiaque, quelle idée aussi de se faire opérer. Bon, je file, il y a du poisson ce midi, c'est ça ?

– C'est ça.

Je fouille dans mon jean, en sors les bagues, la montre, que je range dans une des poches de ma tenue. Je remets mes stylos en place, bien rangés en ordre dans la poche de poitrine de ma blouse, me lave les mains, un coup d'œil dans la glace et je me dirige vers sa chambre, que j'ouvre avec mon passe. Vide, bien sûr, le corps a dû partir directement du bloc à la morgue. Son odeur est encore présente. Je passe la main sur l'oreiller, dérangeant un de ses cheveux que je prends entre mes doigts, pour le poser sur la table de nuit, près d'un vieux livre de Françoise Dorin que personne ne finira plus.

Une heure plus tard, j'ai déjà presque tout oublié tant j'ai eu à faire ; les transmissions ne vont pas tarder à commencer mais j'ai eu des urgences, des emmerdes de dernière minute et ça n'a pas arrêté de sonner. L'élève m'avertit que la famille de Mme Manceau est arrivée.

– Oh... Dis, ça t'embête de venir avec moi, je déteste leur parler tout seul... Le toubib a appelé mais, là, c'est nous qui gérons. Je sais que tu démarres, tu es en première année, mais tu n'auras pas à parler, reste juste avec moi, Coralie, OK ? C'est pour que je me sente moins seul. En plus, ça va t'apprendre plein de trucs, comment gérer, quoi dire...

– Je ne me sens pas à l'aise.

– Eh bien force-toi. Un jour viendra où tu devras le faire toute seule. Tu n'as qu'à observer et prendre exemple sur moi.

Tirant la tronche, elle maugrée et me suit en traînant les pieds.

Je frappe à la porte et j'entre. Une quinqua, en jean et polaire, à quatre pattes devant le coffre, fouille dedans en pestant. Derrière elle un gros chauve inspecte le sac de sport contenant les affaires de Mme Manceau. Les deux me regardent des pieds à la tête alors que j'entre.

– Bonjour madame, monsieur.

– Où sont les bijoux ?

Elle ne m'a même pas salué. Je crois comprendre en un instant le pourquoi du comment, les bijoux qu'on me donne pour que je les garde, pour que je sois témoin de la scène, la violence banale de ce qui va suivre, la vie qui reprend son cours ou plutôt qui ne l'avait jamais perdu. Je comprends le passage de témoin, en quelque sorte. Elle voulait que je sache, la vieille dame, que sa fille était un monstre. Fièrement, je la toise :

– Bonjour. Vous êtes la fille de Mme Manceau ?

– Oui. Et c'est mon mari. Dites, je cherche les bijoux de ma mère depuis vingt minutes, il faut absolument appeler la surveillante, quelqu'un les a volés dans le coffre. J'ai emmené maman moi-même avant-hier et je peux vous certifier qu'elle avait ses bijoux sur elle... Une montre et quatre bagues.

– Trois.

– Euh, oui, trois, mais elles sont où ?

Je décide de faire durer le suspense quelques instants encore, persuadé de donner une leçon de choses à l'élève, du haut de mes certitudes de soignant accompli, persuadé de donner une leçon de vie à la fille même pas en deuil, du haut de mes certitudes de fils aimant qui ne ferait jamais un truc comme ça à sa mère. Je prends un ton dédaigneux :

– Elle n'est même pas refroidie que vous cherchez déjà les bijoux ? C'est du propre... C'est magnifique... Vous inquiétez pas, va, c'est moi qui les ai, vos petits bijoux... Bravo, madame, en tout cas, je tiens à vous dire que votre maman avait des raisons de vous faire enrager un peu, vraiment, elle n'avait pas tort... C'est une dame très digne qui vient de partir. Vous ne lui rendez pas hommage.

– Mais pour qui vous prenez-vous ? D'où la connaissez-vous ? Vous qui êtes dans sa vie depuis deux jours, vous me donnez une leçon de savoir-vivre à moi ? À moi ? Elle qui se barrait des mois entiers pour vivre avec ses amants, elle qui nous a fait placer, mon frère et moi, dans des familles d'accueil qu'elle payait à peine, pendant des années nous n'avons rien eu à manger, et elle qui nous a battus, comme plâtre, monsieur. Mon petit frère s'est suicidé tellement elle a été odieuse avec lui, il était efféminé et elle l'appelait la Folle... Elle a même porté plainte contre moi parce que je lui refusais un droit de visite sur ses petits-enfants, elle a perdu et m'a envoyé des lettres d'insultes et de menace... Et vous osez me donner une leçon de vie, à moi, vous qui la connaissez depuis deux jours ? Comment osez-vous ? Mais comment osez-vous ?

J'avais rendu les bagues. Je n'avais plus osé regarder dans les yeux jusqu'à la fin de son stage l'élève infirmière qui ne cachait pas son mépris pour mes prétentions pédagogiques. Je n'ai plus jamais pris l'initiative de m'immiscer dans des histoires de famille dont, après tout, il est vrai, je ne sais rien de rien de rien.

19.

Le miroir à deux fesses

Elle a un bel appartement, sur les hauteurs de Rosny. La cinquantaine, cheveux gris coupés court. Un chat, un beau canapé, un CD de Nora Jones en fond sonore. Elle fume une cigarette, toujours, quand j'arrive, ce qui me gêne, je suis asthmatique : je lui fais remarquer, elle l'éteint. Elle me propose un café, chaque fois. Je sens bien que je vais la blesser si je refuse, alors je le bois, son café serré, tellement serré que j'en ai mal aux dents à la première gorgée.

Je sais qu'elle me drague, je le vois bien. Elle croise les jambes, se caresse le mollet. Elle minaude, se passe la main dans les cheveux. Parfois elle m'accueille en peignoir, faisant semblant de sortir de la salle de bains (ses cheveux sont secs depuis des plombes, son maquillage est étudié). Elle est discrètement parfumée et s'approche toujours d'un peu trop près.

Un matin, je ne sais pas pourquoi, ça m'énerve, alors je mets les pieds dans le plat :

– Madame Mergaux, franchement, c'est lourd. Arrêtez la drague à deux balles, je vous assure, c'est super lourd.

À ses yeux qui deviennent tristes, tout de suite, je sens que j'ai été trop loin. Que j'aurais dû prendre des gants. Je regrette mes paroles. Je souris un peu, pour atténuer la violence de mes propos, mais je sais que le mal est fait. Elle s'excuse, se recule franchement. Sa main tremble, elle en renverse un peu de café sur la table. Nerveusement, les larmes au coin des yeux, elle fait diversion, mais la fin de la visite se déroule mécaniquement, avec des accrocs dans les phrases, des accélérations de débit, des mots qui ne viennent pas. Nous sommes mal à l'aise, elle et moi, et je sais que, désormais, je refilerai le bébé à ma collègue, il est hors de question que je revienne la voir. Je ne supporte pas qu'on mélange tout, c'est intolérable, j'ai peut-être été un peu franco de port dans mes propos mais je n'ai pas à subir les assauts lubriques d'une quinqua en mal de tendresse. C'est une question de principe : le boulot, c'est le boulot, je suis un pro, je viens pour la soigner, pas pour la sauter. C'est si dur que ça à comprendre ?? Ça me dépasse.

*

* *

Le centre est situé en plein cœur du bois de Vincennes, il doit dater des années 1930, à juger de l'architecture en briques rouges, des façades décrépies, des inscriptions gravées en lettres Art déco, des boutons de porte. Je cherche des yeux la rangée des voitures visiteurs. Un groupe de jeunes joggeurs musclés me dépasse, à petite foulée, en direction de Nogent. Ils ont la vingtaine, la pleine forme et, pour certains, le sourire ravageur d'une jeunesse sportive, épanouie et sûre de son charme. Sport études, haut niveau d'athlétisme ou simple petit champion régional s'entraînant pour l'hiver, les locaux regorgent de bombes atomiques, apollons pas tous mononeuronés qui me font déglutir péniblement lorsque je les dépasse, tentant de les reluquer discrètement tout en donnant à mes regards de faux airs de ne pas y toucher. Je joue les indifférents, mais à l'intérieur je bouillonne.

Il a vingt-neuf ans, un genou en vrac et plein, plein, plein de bosses saillantes, dures et remplies de veines vives, tout autour, sur les jambes ; on les appelle des muscles et moi, je les nomme « aimants à caresses ». Il est souriant, toujours à cligner de l'œil pour souligner sa dernière vanne pas très fine. Un peu rustre et il fume une cigarette, toujours, quand j'arrive, ce qui ne me gêne pas du tout, non, allez-y, je vous en prie, vous êtes chez vous, après tout. Musique téléchargée boum-boum qui s'échappe de l'ordi. Il me propose un café, chaque fois, qu'il prépare avec une tasse d'eau chaude réchauffée au micro-ondes et deux cuillerées à ras bord de lyophilisé Leader Price jetées dedans. Je sens bien que je vais le blesser si je refuse, alors je le bois, son café ignoble, tellement ignoble que j'en ai la gerbe à la première gorgée, finissant ma tasse immense jusqu'à la dernière goutte pour ne pas passer une seconde de moins en sa compagnie. Je sais qu'il me drague, je le vois bien. Il a les jambes bien écartées, dans son short bleu foncé Arena, se caresse la nuque, le bras à demi plié, quand il me regarde, assis au bord du canapé, en claquettes de piscine blanches, plastique délavé. Il ricane, se passe la main sur le torse, plusieurs fois, un torse ferme et généreux, on en mordrait. Parfois il m'accueille en peignoir trop court, faisant semblant de sortir de la salle de bains (ses cheveux sont secs depuis des plombes, son haleine est fraîche, il vient de se laver les dents). Il est atrocement parfumé, d'un déo si cheap qu'il pourrait tuer une vache, et ce jeune athlète s'approche toujours d'un peu trop près... je pourrais lui compter les rides, s'il en avait.

Un matin, je ne sais pas pourquoi, ça m'excite, alors je mets les pieds dans le plat :

– Mais vous faites quoi le soir, alors, après l'entraînement ?

– Bé, euh, je me mange des pâtes... euh bon, hein, des sucres lents, je veux direuh, et je regarde Eurosport et je me couche tôt, quoi.

– C'est génial ! Mais jamais vous ne sortez boire un verre ?

– Bé, euh, rarement... Faut dire que le bus passe pas après 22 heures, alors il faut rentrer à pied, quoi.

– Et si on vient vous chercher ?

À ses yeux qui s'ouvrent grands, tout de suite, je sens que j'ai été trop loin. Que j'aurais dû prendre des gants. Je regrette mes paroles. Je souris un peu, pour atténuer la sexualité ouverte de mes propos, mais je sens que le mal est fait. Il s'enhardit, s'avance un peu plus vers moi. Sa main tremble, il en renverse sa cendre de cigarette sur un coin du short. Je sens sa salive se faire rare, j'imagine le goût dans sa bouche devenir plus amer, je tente une diversion mais il est trop tard. La fin de la visite se déroule mécaniquement, avec des accrocs dans les phrases, des accélérations de débit, des mots qui ne viennent pas ou qui restent en suspens. Nous sommes mal à l'aise, lui et moi, et je sais que, désormais, je refilerai le bébé à ma collègue, il est hors de question que je revienne le voir. Je n'aurais pas dû tout mélanger, je suis stupide, j'ai un garçon qui m'aime à la maison et, connement, j'ai toujours besoin de vérifier si je plais et si je pourrais résister aux assauts lubriques d'un jeune sportif en mal de sexe. C'est une question de principe : le boulot, c'est le boulot, je viens pour le soigner, pas pour le sauter, hélas. Mais punaise, que c'est dur de résister !

20.

Le mari et les enfants d'abord

C'est Olivia qui m'en parle en premier, un soir, alors que je lui demande à quelle heure est la réunion mensuelle au siège du groupe.

– 9 heures. Mais arrive vers 8 h 30, parce que Verminata nous regarde arriver de la fenêtre du premier et ne supporte pas qu'il y ait un dernier.

– C'est-à-dire ?

– Si tu es le dernier à rentrer dans le bâtiment, ça sera ta fête pendant la réunion de service. Bon, encore, toi, ça passe, tu viens d'arriver, mais tu vois, Max, ça fait onze ans qu'il est là, le mois dernier, pan, sur sa tête. Elle ne l'a pas lâché ! Elle ne l'a pas lâché !

– Ça se traduit comment ?

– Elle te balance des piques pendant toute la réunion. Si ça ne suffit pas, elle continue par des insinuations (« mauvais infirmier, tes patients appellent tout le temps pour se plaindre de toi »), et si vraiment tu n'as toujours pas répliqué, mais c'est rare, parce que tu ne supportes pas qu'on dise n'importe quoi sur toi, normal, tu vois, eh bien là elle dégaine l'artillerie. Elle se lève, allume son cigare et commence à tourner autour de la table. Tu te souviens de cette scène de film avec Al Capone qui tient une batte de base-ball et qui passe derrière chacun de ses lieutenants pour en punir un mais on ne sait pas lequel ? Tu te souviens ? Là, elle fait pareil, mais on sait tous que c'est sur le maillon faible que ça va tomber. Alors la première fois, elle te passe derrière et elle dit rien, la deuxième fois non plus, et au troisième passage, pan, ça hurle d'un coup ! Elle te secoue la chaise en criant dans tes arrières : « Mais oui, c'est à vous que je m'adresse, madame, vous qui n'écoutez rien, vous qui ne foutez rien, vous êtes nulle ! On ne peut rien vous demander, vous ne savez pas travailler correctement ! Et ne m'interrompez pas, ou alors faites-le dans un français correct, au moins ! Ça ne se dit pas "excusez-moi mais", on doit dire "je vous prie, madame, de pardonner mon interruption", et là je vous autoriserai à parler. »

D'un coup d'un seul, Olivia vient d'exprimer ce que je ressentais depuis un mois dans mon estomac. Une angoisse vaguement diffuse, un mal-être léger et inexpliqué chaque fois que je passais la porte de la maison mère pour aller compléter ma formation d'origine. Je n'avais pas été embauché par la big boss directement, mais elle avait validé ma prise de poste. La voir débarquer dans la salle de réunion cigare au bec, criant des ordres à un type dans le couloir puis, subitement, prenant pour se présenter une voix douce, suave, m'avait donné des frissons :

– Bonjour, je suis Églantine de Peycharoux. La directrice. Vous êtes le petit dernier ?

– William.

– J'ai signé votre contrat de travail, il vous attend dans le bureau de ma secrétaire. J'espère que vous vous plairez parmi nous *(regard façon laser perforant le béton qui me fait reculer de quelques centimètres)*... mais de toute façon, si vous ne me plaisez pas, vous serez le premier au courant *(rire mondain)* !

Je l'avais crainte dès la première seconde. J'avais travaillé à l'infirmerie du groupe Morlaix : cent quatre-vingt mille employés dans le monde, à deux pas du bureau de M. Morlaix *himself*, qui venait souvent se faire prendre sa tension. J'avais bossé en salle d'opération avec un chirurgien tellement chiant qu'il refaisait durant des heures ce qu'il estimait avoir raté, en mettant toute son angoisse sur le dos de l'infirmière. J'en avais vu, des ego, des salauds, des malades, mais là, comme elle, je crois que je touchais du doigt la médaille d'or de la folle furieuse. Trembler de peur devant sa patronne, à trente-deux ans, un grand gaillard comme moi, qui allait me croire ? Mes collègues. Eux aussi comprenaient très bien.

Olivia reprit :

– Tu demanderas à Sylvie, je l'entends arriver, de te raconter la fois où la Patronne a convoqué son mari...

– Ah, le mari de Sylvie travaillait dans la boîte, aussi ?

– Non. Justement. Mais la Patronne l'avait convoqué, et il était venu.

Je dus attendre quelques semaines de plus, car Sylvie se méfiait de tout le monde, la peur rend parano ; mais elle finit par me cracher le morceau, un samedi matin que nous étions tous deux de permanence au bureau :

– C'était il y a dix ans. On n'avait pas les ordis encore, on travaillait sur des fiches bristol, ce n'était pas très pratique pour recenser les clients mais on faisait avec. Quand une fiche était remplie de partout, on en agrafait une autre. Nous faisions le tour des médecins et des cliniques avec ça. Visiteur médical, déjà, ce n'est pas drôle, tu vas voir, mais avec des outils qui dataient de la préhistoire, on avait l'air de comiques devant les toubibs. Les autres visiteurs des autres labos avaient de super voitures, nous, on roulait dans des R25, des paquebots à garer qu'on avait hérités de la mairie, on voyait encore le logo sur les portières qui avait été mal gratté. Pour se faire rembourser l'essence, je ne te raconte pas le bazar. La Patronne estimait que nous devions dépenser cent francs par semaine d'essence, si nous étions bien organisés, c'étaient ses calculs à elle. Elle ne voulait pas de facturettes, la comptable était déjà débordée. Alors, d'autorité, elle nous remboursait quatre cents francs d'essence par mois, et pas un sou de plus. Si nous avions dépassé le budget, c'est que nous étions mal organisés, point. Moi, je travaillais à la limite de mon secteur alors je mettais souvent plus de huit cents francs et mon mari était hystérique que je ne réclame pas... mais que voulais-tu que je fasse ? Il était au chômage depuis un an, on avait les trois garçons, le plus grand entrait au collège. Tu connais la boîte, on est bien payés... Tu vois la Patronne ? Je n'allais pas me pointer en lui demandant le remboursement de mes frais, ça aurait été le tsunami !

Un jour, mon mari suit à l'ANPE une formation pour devenir informaticien. Il est tout content, ça lui plaît beaucoup ; lui qui n'a jamais touché à un ordi de sa vie (c'étaient les premiers pour le grand public, à l'époque) passe des heures dessus, rentre en retard, sympathise avec un type de l'ANPE qui va même jusqu'à nous prêter un PC pour un mois, que Laurent puisse taper des listings pour un patron. Ce n'est pas très bien payé mais c'est son premier boulot depuis tellement longtemps. Un soir, je rentre et il me dit : « Sylvie, tu n'en as pas marre, de tes fiches bristol ? Tu ne voudrais pas que je te rentre les noms de tes patients et de tes médecins dans l'ordinateur ? Je te crée un fichier sous Word et comme ça, le matin, tu n'auras qu'à imprimer ta visite du jour... Toutes tes données seront stockées dans l'ordi. D'ici un mois ou deux, on aura les moyens d'avoir le nôtre. Tu vas gagner un temps fou. » J'accepte, bien sûr.

Laurent passe un week-end entier à rentrer toutes les adresses, les numéros de téléphone et les petits détails des patients pour chaque médecin : nombre d'enfants, prénom du conjoint, tout ce qui nous aide quand on offre un cadeau à Noël. Le lundi, il me sort ma feuille de route. Je suis super fière, effectivement, ça en jette plus que mes bristols, je peux les ranger dans un grand classeur très chic ; si j'annote au stylo, le soir Laurent corrige sur le logiciel. Les médecins me trouvent super moderne. C'était il y a vingt ans, sois gentil de ne pas te moquer, et moi, je GAGNE DU TEMPS !

Va savoir comment, la Patronne l'apprend. Pique une colère monstre et m'appelle un soir à la maison, tard : « Sylvie ! Je suis très déçue, très déçue par votre comportement inadmissible ! Comment avez-vous osé trahir ma confiance de la sorte ? Comment avez-vous pu penser une seule seconde que je ne le saurais pas ? – Mais c'est juste un fichier avec des adresses, au propre, pour mieux travailler et... – C'est très grave, ma petite dame, très grave, d'avoir brisé la confidentialité qui nous unit à nos clients au nom de votre couple ! Ce pauvre type que vous avez voulu quitter dix fois, vingt fois, et devant qui vous rampez encore une fois de plus. Combien de fois vous ai-je dit que ce crétin ne vous méritait pas ! Combien de fois ? – Plein de fois, madame. »

Je coupe Sylvie :

– Attends, attends, tu lui racontais ta vie privée ?

– Au début, oui. Elle me fascinait, elle était toute gentille, pleine d'attention, je crois qu'elle était amoureuse de moi ou pas loin, en tout cas. Moi, je débutais en mariage, je n'étais pas heureuse, mais le divorce, jamais ! Plutôt crever que de divorcer !

– Et elle savait tout sur toi ?

– Euh... oui. On avait été toutes les deux à un congrès, elle n'aime pas conduire seule, alors elle m'avait proposé de partir avec elle, nous avions beaucoup échangé... Tu sais, ce n'est pas que le monstre que tu vois, elle a aussi plein de qualités... Elle est très intelligente, elle comprend tout de suite les situations... Quand Laurent est tombé au chômage, elle l'a su et elle me faisait livrer, tous les vendredis, sur le bureau, des tickets-repas, un carnet entier... Ne le répète pas aux filles.

– Non, non... Mais, attends, elle l'a convoqué, lui ?

– Oui. Au téléphone, elle me hurlait dessus à la fin, et puis d'un coup elle m'ordonne de lui passer Laurent. Je ne comprends pas. Elle insiste. J'appelle Laurent, qui écoutait tout depuis le salon. Il prend le combiné. « Monsieur ! Je vous convoque demain à 11 heures dans mon bureau. J'exige une explication sur votre conduite inqualifiable ! Je saurai quelle suite donner à cette regrettable histoire ! Soyez à l'heure ! » Et elle avait raccroché.

Sylvie soupire.

– Tu sais, Laurent était au chômage, j'étais la seule à nourrir tout le monde...

– Ne me dis pas que Laurent est allé dans le bureau de la Patronne alors qu'il n'était même pas employé de la boîte ?

– Si, si, bien forcé. *(Elle rougit de honte, encore, pour une histoire qui a l'âge de voter...)* Que voulais-tu qu'on fasse ? Lui, en plus, il était mal, tu sais, il était syndiqué, il connaît bien les lois, les patrons, les prud'hommes. C'est son truc, la légalité. Il m'a prise dans ses bras, parce que moi j'étais effondrée, je nous voyais déjà tous les cinq à la rue, à ne plus pouvoir payer les traites du pavillon ; il m'a serrée fort contre lui et il m'a dit : « Sylvie, pour toi, je vais y aller. » On n'a pas dormi de la nuit. Le lendemain, nous étions tous les deux dans le secrétariat, à attendre son bon vouloir ; tu sauras un jour comment elle aime convoquer les gens à heure fixe, s'assurer qu'ils sont bien là et les faire poireauter ensuite deux plombes pour le plaisir de voir monter l'angoisse. Elle jouit de nous voir mal, je ne sais pas si tu peux imaginer. La porte s'ouvre enfin, Laurent passe le premier. J'entends des hurlements pendant dix minutes, tout le monde rase les murs dans le couloir. Les cris sont ceux de la Patronne, mon mari ne réplique pas. La porte s'ouvre enfin, Laurent sort, blême. Je vois à ses yeux qu'il est à deux doigts de pleurer. Il me dépasse en me soufflant : « Quelle salope ! Je n'ai rien dit pour toi... pour toi... Vas-y, elle veut te voir... »

J'entre. La Patronne, assise confortablement dans son fauteuil en cuir, savoure son cigare. D'un sourire merveilleux, suave, presque tendre, elle me montre une chaise, en face d'elle. Ses mots sont du miel, ses gestes, presque maternels à mon endroit, elle a changé du tout au tout... Et sa première phrase résonne encore dans ma tête : « Voyez, ma petite Sylvie, c'est comme ça qu'on les mate, les hommes. C'est comme un chien, un homme, ça se dresse une fois pour toute la vie. Je vais vous apprendre à ne plus vous laisser marcher sur les pieds ! Vous prendrez bien un sucre dans votre thé ? J'ai des macarons, je sais que vous les aimez... Approchez-vous... mais approchez-vous donc, je ne vais pas vous mordre. Allons, allons, c'est fini, tout ça. Allons, allons. »

La rumeur disait que Sylvie avait couché un temps avec la Patronne. Je pense que c'est vrai. Même vingt ans plus tard, toujours mariée et extatique sur son Laurent, il suffisait de dire une chose devant Sylvie pour que la Patronne l'apprenne dans la semaine.

21.

Jolie bouteille, sacrée bouteille

Il y avait cette aide-soignante, que j'aimais beaucoup mais qui était souvent ivre lorsqu'elle venait travailler de nuit. Buvait-elle pour oublier qu'elle buvait ou le contraire ? Tout le monde s'en fichait un peu, du moment qu'elle se pointait. Nous n'avions pas alors à faire revenir quelqu'un du domicile en urgence.

Un soir, ne la voyant pas arriver, inquiets, nous appelons chez elle. Pas de réponse. Nous laissons sonner de longues minutes, dans le vide. Rien. On décide d'attendre encore un peu avant de ruiner la soirée de repos d'une collègue – au pire, je ferai la nuit avec une des aides-soignantes présentes. Une jeunette du groupe se dit physiquement prête à assumer un 13 h 30-7 h 30 non-stop, ce qui fait jaillir mille souvenirs de la bouche des vieilles :

– On le faisait bien, dans le temps, té !

– Ouais, nous, on travaillait sept jours sur sept !

– Enfin, pas sept jours sur sept, mais sept jours d'affilée, tout du moins.

– Sept jours d'affilée à dix heures par jour, parce que, les heures, on ne les comptait pas, dans le temps, il n'y avait pas de limites comme maintenant.

Je décide de couper court :

– Hé, les filles, vous allez pas nous faire gober que vous avez bossé cent heures par semaine, non plus, hein, parce que après Cléopâtre et la construction des pyramides on a eu Léon Blum, le Front populaire et les congés payés ! N'en rajoutez pas non plus.

Haussements d'épaules méprisants et regards noirs, murmure inaudible, au fond, façon « respecte même pas ses aînés, ce petit con ».

Les transmissions se terminent quand une nana à l'étage en dessous vient nous chercher, hilare :

– Venez voir ! Venez voir !

Tout le troupeau descend en blouse blanche et sabots à l'office du dessous, où nous trouvons l'aide-soignante alcoolique totalement avachie sur le lave-vaisselle, ronflante, un filet de bave dégoulinant sur sa poitrine. Quelqu'un ose la secouer, après la fin du fou rire. Elle ouvre un œil, nous regarde tous. Perd un sabot en voulant sauter par terre et se vautre lourdement contre le frigo. Se relève péniblement et nous regarde de nouveau, penaude.

– Mais j'étais là à l'heure ! J'étais là à l'heure pour les transmissions !

– Oui, mais pas au bon étage.

– C'est pour ça que je comprenais rien, alors ! Je

me disais : « Mais de qui elles causent ? Je reconnais aucun nom de malade ! »

Ils ont fini par la mettre au standard, un ou deux ans après, mais comme elle ne retenait jamais les numéros de téléphone ou qu'elle était trop ivre pour passer les communications, tous les appels partaient dans la nature. Elle n'était plus qu'à six mois de la retraite, alors elle dormait par terre, aux pieds des autres standardistes. Personne ne la voyait, allongée sous le comptoir. Elle était bourrée du matin au soir. Elle s'appelait Annie.

22.

(Contre-) Transfert de compétences

Ce que j'aime, chez elle, c'est son sourire espiègle. Quatre-vingt-sept ans. Elle me regarde chaque fois comme si j'en avais quatorze, elle douze, et qu'on allait jouer au docteur pour la première fois. Mutine, discrète. Mais ce matin les filles m'ont signalé qu'il y avait un problème, je dois monter dans sa chambre, rapidement, il paraît qu'elle est furieuse, qu'elle ne veut rien entendre. Je frappe à la porte (comme je le fais tout le temps, même si ça ne sert à rien, tous mes petits vieux sont sourds), entre et la trouve crispée sur son fauteuil, en pyjama, la canne à la main. Elle tremble comme une feuille, la tête dodeline d'avant en arrière comme une poupée cassée. J'avise un fauteuil dans un coin, je le traîne péniblement en arrachant la moitié du marbre blanc pour me placer devant elle. M'assois, les mains sur les genoux. La regarde, tout sourire.

– Bon, et alors ? Qu'est-ce qui se passe ce matin ?

– J'en ai MARRE !

– Marre ?

– MARRE, oui, j'en ai marre ! Je ne veux plus prendre les cachets !

– Allons bon, voilà autre chose. Je vous signale quand même que la neurologue est venue exprès samedi matin pour vous changer le traitement. Votre Parkinson a empiré, il fallait bien faire quelque chose.

– C'est inhumain, je ne peux plus les avaler.

– Inhumain ? Tant que ça ?

– Oui !

Une grosse larme coule de son œil droit. Mécaniquement, je cherche le collyre pour lui en mettre un peu avant de réaliser que c'est une larme de tristesse. Une seconde la suit.

– Je ne peux plus ! C'est beaucoup trop.

– Allons, allons, vous en avez tant que ça ?

– Regardez par vous-même !

– Voyons. 8 heures, un, deux, trois. Ça fait trois à 8 heures. Deux à 11 heures. Trois à 14 heures, deux seulement à 17 heures et un, deux, trois, quatre à 21 heures. Plus deux au coucher.

– Vous me comprenez ? Je ne peux plus. Ça me rend folle.

– Oui, mais si vous ne les prenez pas...

– Eh bien quoi ? SI je ne les prends pas, QUOI ? Je vais mourir ?

– Non, même pas.

– Ha, ha, la belle affaire ! Vous allez vous faire engueuler par le docteur, alors ?

– Non. Il pense comme moi, on est pareils, on ne force pas les adultes à se soigner contre leur gré. Sauf s'ils sont dépressifs. Je crois me souvenir d'ailleurs que vous avez des antécédents de dépression...

– Oh, le culot ! En 1985 ! J'ai perdu mon mari ! Dites donc, William, j'ai beaucoup de respect pour votre travail et vous savez que je vous aime beaucoup, mais là ne me prenez pas pour une idiote, hein. Je suis psychiatre, je sais qu'on a quand même le droit de se taper une petite dépression après le décès de son conjoint, tout de même ! Vous n'allez pas me refiler un antidépresseur en plus, dans le lot !

– Non, non, je disais juste qu'éventuellement, en ce moment, vous seriez peut-être sous le coup d'une légère déprime et que ça justifierait votre refus passager d'avaler vos comprimés.

– Je déteste quand vous prenez votre ton langue de bois. Ça ne vous va pas. Moi, j'aime quand vous dites « vachement bien » ou « putain de merde ». Ne sortez pas les grandes phrases, ce n'est pas vous.

– *As you want* : mémère a le blues et veut pas avaler ses cachetons.

– Mémère va TRÈS BIEN et ne veut pas avaler ses cachetons parce qu'elle en a MARRE d'avaler ses cachetons ! MARRE !

– J'ai entendu !

– MARRE !

– J'ai ENTENDU !

– Je m'en fous, je suis sourde, c'est moi qui crie !

On rigole tous les deux. Je mets ma main sur sa

vieille main toute ridée, toute abîmée, toute recroquevillée. Elle sait qu'il n'y a rien de déplacé là-dedans, elle sent que je suis là pour elle et pour rien d'autre au monde. J'ai beau résister de toutes mes forces, c'est plus fort que moi, je commence à m'attacher à elle, ça me fait « grave chier », pour parler comme elle aime.

– Bon, il faudrait les prendre, ces cachets.

– Donnez-moi une seule bonne raison de les avaler.

– Vos troubles vont diminuer...

– Faux ! Ils seront ralentis.

– *E viva les doctorès ! (Je murmure.)* Il faut les prendre pour pouvoir vivre longtemps.

– Entre quatre murs ? À manger à la cantine devant des vieux qui perdent leur dentier et se servent de leurs doigts ? Vous ne captez même pas National Geographic ! Chez moi, au moins, on avait le satellite !

Je réfléchis une dernière fois, pensant lui filer l'estocade finale. C'est un coup bas, je sais, mais je pense qu'il va marcher.

– Vous devriez les prendre parce que vos fils vont être malheureux de voir leur pauvre petite maman toute diminuée et toute secouée de tremblements. Ils vont revenir chez eux dévastés.

Fier de moi, je la regarde me contempler longuement, les yeux prenant une teinte amusée, profonde, et les iris me fixant avec une attention presque effrayante. D'une voix mutine, elle me balance :

– Bien joué, le coup de la culpabilisation, bien joué ! Je l'aurais tenté pareil, vous savez. Rien ne vaut un bon coup de culpabilisation judéo-chrétienne pour vous remettre un pécheur dans le rang. Oui, bien tenté. Vous êtes un bon infirmier, vous savez. J'en ai eu des tas, dans le service, et pas que des bons. Les hommes infirmiers, c'est un peu comme ces pépites qu'on cherchait dans le Far West. On s'y épuisait des années avant d'en trouver une petite, une seule. Je vous assure que j'ai vu défiler plus de buveurs de café que de soignants dans mon service. Non, moi, je serais vous, je l'aurais joué encore plus à l'affectif. Ça marche toujours, avec les vieilles.

– Pardon ?

– Soufflez un bon coup, appelez-moi par mon prénom, dites-moi que vous me comprenez, parlez-moi de vos difficultés à vous, de la tâche pas évidente que vous menez dans toutes les chambres. Dites-moi que cela vous ferait tellement plaisir si je les prenais, ces cachets, que ça ferait moins d'histoires, que vous vous sentiriez plus léger en partant à la maison, ce soir. Faites comme Sarkozy, mettez la main sur le cœur et commencez vos phrases par : « Si ça ne tenait qu'à moi, vous savez... » Ça marche toujours, de prendre les gens à l'affectif !

Plein d'espoir, je lui souris :

– On va essayer ça, alors !

– Vous plaisantez ? Je n'avalerai pas UN SEUL DE VOS FICHUS CACHETS ! Allez, bonne matinée ! Tentez de revenir avec une autre astuce demain, la séance est ter-mi-née. Deux cents francs !

– Hein ?

– Je plaisante. À demain.

Elle déplie *Le Quotidien du médecin* et fait mine de l'étudier avec attention, malgré la page qui tremble tant et plus. Je déteste soigner les gens qui ont toute leur tête, ça m'épuise. Elle, je peux pas m'en empêcher, je devrais pas, je le sais, mais plus ça va et plus je l'adore.

23.

Last night a cardio ruined my life

USIC. Unité de soins intensifs cardiologique. Huit lits. Huit cœurs bien malades. Une nuit de plus avec Vito, le cardiologue.

Vito prend son café, le premier de la nuit. Étrangement, et même si je suis censé ne pas pouvoir fermer l'œil car je bosse, je rechigne à m'en servir un. Trop de vieilles habitudes ancrées au fond de moi, des certitudes aussi : « Si tu bois du café après 18 heures, tu ne pourras pas dormir de la nuit ! » Mais tant mieux, andouille, tu travailles de nuit aujourd'hui, alors bois-le, ce mauvais café, qu'est-ce que ça peut te faire ? Mais non, stupidement, je préfère m'en tenir au Coca Light, une canette toutes les deux heures que je vais chercher machinalement à la machine.

Rien ne se passe en début de nuit ; les patients sont tous au chaud dans leurs box respectifs. (Dans les services, on parle de « chambres », mais en soins intensifs on utilise le terme « box ». « Le patient est dans son box », la phrase me fait toujours sourire.)

Tous les malades sont monitorés vingt-quatre heures sur vingt-quatre, ce qui signifie que six électrodes de couleur sont collées sur leur torse et surveillent les battements du cœur. Battements qui sont enregistrés et retransmis en direct au poste de soin central. Près de nous, un écran principal condense les huit tracés cardiaques et agrémente d'un bip régulier le silence profond du service.

Un œil exercé (pas le mien, donc, je suis un bleubite de la cardio) sait en une seconde si le tracé est bon ou pas. On y cherche une arythmie (si le cœur ne bat pas la bonne mesure), une bradycardie (si le cœur est trop lent), un rythme sinusal ou toute autre petite musique cardiaque incompréhensible pour le grand public. Les gens ne se soucient pas des battements de leur cœur dans la vraie vie, mais ici, en USIC, on ne regarde que ça. Leur durée, leur rythme, leur fréquence, leur régularité.

C'est d'un ennuyeux.

Moi, ce qui me plaît, c'est le côté technique du truc. Il y en a partout, du technique, chez ces malades-là. Une machine à gauche du lit, une à droite, un moniteur au-dessus. Une perfusion avec tel médoc, une autre qui se vide, une seringue électrique au-dessous (c'est une grosse seringue poussée par un bras mécanique qui envoie dans les veines, à débit constant, des médicaments), parfois même, joie suprême, une batterie de seringues électriques. Tout cela est programmé pour soigner en simultané, sur des plannings préétablis par les cardios et réévalués tous les cycles de garde. Chaque perfusion commence à l'heure et finit à l'heure, en sonnant comme un four qui annonce un rôti à point. Bip ! Bip ! Bip ! Bip ! Il n'y a qu'à remplir de produit à nouveau, calculer le débit et attendre sagement que ça passe. Moi, ça me rassure. Pire, j'adore. Moins il y a de seringues et plus je sens le patient en danger, paradoxalement. Une seringue, c'est pratique, ça guérit. Un patient juste monitoré, deux électrodes, trois fils, hum, je me méfie, énormément.

Soudain, un « bip ! » ignoble transperce le silence. Suivi d'un long « nuuuuuuuuuuuuut ! » qui n'en finit pas. J'ai à peine le temps de regarder Vito que je le vois courir dans le couloir en me criant :

– Arrêt ! Arrêt !

Comment ça, arrêt ? Cons d'Italiens, apprenez à parler français correctement, je ne comprends pas ! Tu veux dire quoi, là, « arrêt, arrêt » ?

Arrêt.

NOM DE DIEU : UN ARRÊT CARDIAQUE AU BOX 3 !

J'en perds mon sabot en démarrant comme un V2 et il me semble que mon pied met une heure à renfiler correctement le truc, puis, d'une main, je prends appui sur la porte et je m'élance dans le couloir à la suite de Vito qui est déjà dans la chambre.

La grosse dame est comme dans *Urgences*, tout pareil, inerte, flasque, la machine faisant « nuuuuuut ! » à côté, mais un gros « nuuuuuut ! », un pire

« nuuuuuut ! » que dans le poste central. Le tracé est plat. Son bras tombe et pointe vers le sol. Vito farfouine derrière le lit et en extrait une planche carrée en plastique blanc, d'une soixantaine de centimètres de long, comme un truc dont on se sert en cuisine pour découper les légumes quand on ne veut pas salir le plan de travail. Une version géante de ce truc, quoi.

Fermement, il m'explique :

– Nous avons trois minoutes. Aidé-moi à la soulever que jé glisse la planche derrière lé dos. Après, tou vas au chariot d'ourgence et tou me prépares dix millilitres de Fafaline et cinq millilitres de Lafayex dans deux seringués différentes. Trouve les palettes pour qu'on la choque après au besoin. Dépêché-toi.

Il commence le massage cardiaque, comme à la télé. Il appuie sur le thorax, violemment, compte le nombre de pressions. Et moi, comme à la télé, je me tourne vers le chariot d'urgence façon « Carol Hathaway va vous aider, docteur George Clooney ». Sauf que je ne suis pas à la télé mais en vrai, et que, le chariot, je ne le connais pas bien. Pas bien du tout. Il est de mon ressort de le vérifier régulièrement, mais je n'ai pas encore fait assez de journées pour que cela m'arrive.

Devant moi, trente petits tiroirs, tous identiques, sur chacun une étiquette avec un nom de produit. Je cherche la Fafaline rapidement et, arrivé à la dernière étiquette, je ne l'ai pas trouvée. Je remonte à la première, pose mon doigt sur chaque nom et, le plus vite possible, je les prononce dans ma tête. J'entends Vito compter les pressions. Je sens les secondes passer.

– Fafaline !!!

– J'arrive, j'arrive !

Là, Fafaline, devant moi, là. Vite ! Une seringue est déjà préparée sur le plateau, je me saisis d'un trocart, je casse l'ampoule sur le rebord du chariot et me coupe le doigt au passage. Vite, Fafaline ! Attends, combien il a dit de millilitres, déjà, dix, c'est ça, il m'a demandé dix millilitres de Fafaline, je crois, oui, hein ?

– Passe-loui la Fafaline sur la voie de droite tout dé souite !

La voie de droite, c'est la perfusion de gauche ou celle de droite ? Quand il dit droite, il dit sa droite, ou ma droite, ou la droite de la patiente ? Oups, j'ai mis onze millilitres, attends, j'appuie sur le piston pour recracher mon unité de trop, merde, j'en ai fait gicler presque deux, tant pis, je me retourne, cours vers le lit et choisis le bras gauche.

J'injecte. Doucement. Comme on m'a appris à l'école avec la plupart des produits. Vito, calmement, me prend la seringue des mains et en une seconde, arrêtant son massage, appuie sur le piston violemment.

– Uné shoot, fais touyours uné shoot de Fafaline. L'autre, maintenant, vite.

Puis il reprend sa pression rythmée. Devant le chariot, en première place en haut à gauche, le tiroir de Lafayex me nargue. Je souris, hé, je t'ai eu, Lulu, du premier coup ! Je l'ouvre. Vide. Mon cœur à moi s'arrête aussi. MERDE. Je gicle du box et je saute dans celui d'à côté, dont j'allume d'un coup la lumière en m'excusant auprès du patient. Vito gueule :

– Mais tou fé quoi ?

– Plus de Lafayex !

– Putana ! Yé veux touyours dou Lafayex dans tutti les box ! Trouve-lé tout dé souite !!

Le patient maugrée pour le bruit, la lumière, le dérangement, mais je n'ai pas le temps d'expliquer, je fouine partout, évidemment le Lafayex n'est pas rangé à la même place sur tous les chariots, cela serait trop beau. J'ouvre tous les tiroirs bruyamment, les uns après les autres. Non, pas ça, pas ça, pas ça non plus, oh mais c'est pas Dieu possible que je ne vais pas trouver là tout de suite une seule ampoule de Lafayex !

Le dernier tiroir. Le dernier, bien sûr. Quatre ampoules d'un coup, réunies par un élastique. Je sors de la chambre en entendant crier derrière moi : « Et la lumière bordel ! », mais je ne dis rien, je me rue sur le chariot, casse une ampoule, me saisis de la même seringue, plus le temps d'en trouver une autre, aspire les millilitres demandés et, alors que j'entends Vito pester comme un fou derrière, me retourne et attrape la perf d'une main pendant que j'injecte le produit de l'autre. À fond.

D'un coup, précédé d'un « Aaah ! » d'étonnement, les deux yeux de la dame s'ouvrent et Vito se redresse. Il avise le tracé qui vient de retrouver des couleurs.

Inspecte la dame qui nous regarde, soupçonneuse. Je lui souris.

– Ça va, madame ?

– Mais oui, pourquoi ?

– Oh, comme ça. Comme ça. Pour rien.

Vito attend une minute pendant que la dame se redresse sur son coude et se masse le cœur du plat de la main :

– Ça picote un peu.

– Ah bon ?

Alors que nous sortons, deux minutes plus tard, je m'apprête à fermer la porte quand j'entends la voix polie mais ferme de la patiente qui me dit :

– Et la lumière, alors ? Merci !

Suivie un instant plus tard par celle du patient du box d'à côté qui braille, furibard :

– ET LA MIENNE AUSSI, ALORS ! Non mais quel service ! Et le respect, hein ? On est cardiaques, vous le savez, ça ?

*

* *

Nous nous écroulons tous les deux dans la salle de repos, lui plus dignement que moi, mais tout aussi secoué. J'éteins la télé qui ne montre que des images de cerfs courant dans les forêts de Sologne depuis des plombes. J'expédie mes sabots sous la table et je replie mes pieds sous mes fesses, essayant de tenir d'un bloc épuisé sur la vaste chaise. J'encercle mes genoux et je respire lentement.

Vito s'allume une cigarette et je ne dis rien. Il a le droit de se la fumer, après tout, sans lui, la dame ne serait plus là. Au bout de quelques minutes, mon adrénaline reflue étrangement dans ma gorge et je ressens une boule d'excitation. J'ai besoin d'en parler :

– Quel stress, quand même ! Ça arrive souvent ?

– Oui.

– Tu as peur chaque fois ou tu es habitué ?

– Peur dé quoi ? Au pire, elle meurt, tou sé.

– Euh... oui...

– Jé peur qué tou né sois pas à la hauteur, qué tou me fasses perdre dou temps et qu'elle n'ait pas quelqué ségondes à t'attendre, oui, ça, ça mé fait peur. Pour les autres choses, non, jé n'ai pas peur.

– J'ai fait de mon mieux, tu sais.

– J'ai vou. Bravo.

– Bravo à toi aussi.

Le silence reprend ses droits. Quelques minutes plus tard, une seringue électrique bipe au fond du service et, alors que je me lève doucement pour aller la remplacer, mon dos craque. Douleur atroce. Mon genou gauche ne veut plus bouger non plus ou presque. Ma tête est lourde. Je vacille une seconde, me secoue la tête... Je me sens faible, vidé de toutes mes forces. Vito me sourit :

– C'est lé contrecoup. Tu vas voir, la nuit va être atroce quand tou as déjà donné toutes les forces qué tou avais.

Il a raison. Le couloir semble avoir doublé de longueur depuis mon arrivée, six heures plus tôt. Les lumières m'agressent, m'agacent. Je frissonne et suis obligé de remettre une veste sur ma blouse. Les patients semblent tous agités. La seringue électrique qui bipait ne veut plus fonctionner correctement et je me retrouve, à 3 heures du matin, à quatre pattes par terre à démêler des fils pour la débrancher puis en rebrancher une autre tout en priant que le matériel neuf de la réserve ne me fasse pas son rodage pendant la nuit.

Mes yeux se brouillent, je relis trois fois les lignes d'ordonnance sans les comprendre, j'écris des bêtises que je raye, me trompe de couleur. Un cauchemar. J'entends Vito tourner les pages de son *Paris Match*, à l'office, je n'ai qu'une envie, le rejoindre et attendre assis par terre, le dos contre un mur, jusqu'au petit matin.

Le deuxième arrêt cardiaque nous surprend encore plus que le premier. Le type était prévu de sortie le matin même, retour à la *casa*, rien de particulier à signaler. Il aurait dû être placé dans une chambre classique du service de cardio mais celui-ci est plein. Nous l'avons donc gardé dans un box et, par habitude, monitoré, malgré ses protestations :

– J'ai subi vos électrodes collées sur mes poils pendant deux semaines, c'est ma dernière nuit, vous pourriez être gentil, enlevez-les-moi !

J'allais le faire, en arrivant, mais l'aide-soignante de jour, avant de partir, m'en avait dissuadé :

– Laisse-les-lui.
– T'es sûre ? Il s'en va demain...
– Écoute, on est aux soins intensifs, je les connais tous, les cardiaques, je te le dis, laisse-lui les électrodes tant qu'il est sous ta responsabilité. Tu n'auras aucune mauvaise surprise...
– T'es un peu parano, non ?
– J'ai vingt ans de cardio. Tu fais comme tu le sens...

Et comme je ne suis pas complètement stupide, j'avais effectivement fait « comme je le sentais », maugréant contre la paranoïa de la fille mais écoutant au fond de moi le bon sens des gens qui conseillent pour le bien des autres. Ne jamais refuser d'écouter un avis gratuit donné par une fille qui finit son tiers : elle n'a rien à gagner ni à perdre à vous le donner, dans une heure elle est chez elle. Les électrodes furent donc laissées sur la poitrine et nous annoncèrent que l'arrêt était massif. « Nuuuuuuut ! »

Cette fois-ci, je fus prêt avant Vito. Mes deux seringues sur le chariot, produit dilué, prêtes à l'injection.

– La planche sous le dos du patient, massage cardiaque en cours, donne-moi les seringues, vite, envoie le Lafayex.

Rien. « Nuuuuuuuuuut ! »

– On recommence, je fais mes pressions et toi, William, prépare dix millilitres de plus. Allez, injecte...

« Nuuuuuuuut ! »

Rien.

Vito se saisit alors des palettes de déchoquage et me demande de coller sur le torse les deux énormes électrodes lamées. Il tourne le bouton d'allumage sur 130, j'entends monter le « wiiiiiii » caractéristique de l'appareil qui annonce la charge électrique qui se prépare.

– Tou récoules !

Il plaque les palettes sur le torse. Appuie sur le bouton orange. « Schtaaak ! » Le torse se soulève un peu, une odeur bizarre plane subitement dans le box mais, rien à faire, le « nuuuuuuuut ! » continue platement sa course, tracé cardiaque aussi dénué de sens qu'une belle ligne plane dessinée à la règle.

150.

– Tou récoules !

« Schtaaak ! » Le torse se soulève un peu plus ; odeur de poil grillé, voilà, je cherchais ce que ça me rappelait, l'odeur des côtes de porc au barbecue, du renard qu'on ramène de la chasse et qu'on fait pendre dans le garage pendant que les chasseurs grillent une allumette pour lui brûler les poils des moustaches. On t'a bien eu, l'ami renard !

160. « Schtaaaaaaaak ! » Rien.

Vito, d'un coup, s'énerve :

– POUTANA DE MIERDA FAFANCOULO STRONZZO ESCROGLIERE !

Et il donne violemment, de ses deux mains jointes en un poing, comme une masse, un coup sur le haut du sternum.

« Nuuuuuuuuuuuut ! »

Dans ma tête, je pense : « Heure du décès : 3 h 23. Je jette mes gants en latex dans la poubelle et me dirige vers la famille, l'air peiné. La sœur me pleure sur l'épaule. Générique, rideau. »

Je ne dis plus rien. Je crois que le monsieur est mort. Ça paraît stupide mais j'ai brûlé toutes mes réserves d'angoisse ou de stress pour la nuit, alors je ne ressens pas grand-chose. J'avais encore le minimum syndical d'adrénaline pour tenir le coup, préparer les produits, assister Vito, mais pas comme en début de nuit. Là, plus rien. Un spectateur ennuyé d'un spectacle dont il connaît déjà la fin.

Vito, les mains appuyées contre la table de nuit, souffle bruyamment et jure en italien. Il ne vaut mieux pas déranger la bête, je pense. Je me dirige vers le défibrillateur et je l'éteins. Puis j'attends, debout, le reste du programme. Une longue minute. Vito se redresse enfin et me demande de lui apporter le téléphone, qu'il appelle la famille. Je pars chercher le sans-fil et lui annonce que je vais le laisser seul. Il fait non de la tête :

– Tou vas rester sans rien diré mais jé préfère qué tou restes à côté de moi. S'il té plaît. Jé déteste faire ça.

Une petite demi-heure plus tard, la femme du monsieur arrive, conduite par sa fille. Des gens dignes. Très chaleureux. Je me souviens d'elle un peu plus tôt dans la semaine, nous avions parlé de Crète, de voyages dans les Cyclades. Elle m'avait conseillé un livre que je n'avais pas trouvé. Me l'avait apporté la nuit suivante en me disant de le garder.

Spontanément, elle me fait la bise en me voyant, alors que sa fille me serre la main, bouleversée. La mère me supplie des yeux :

– Jurez-moi que c'est allé très vite, William.

Vito regarde un néon qui clignote et me fait signe de la tête de répondre.

– Oui. Nous n'avons pas eu le temps de faire grand-chose, il est parti en un battement de cils.

– Merci.

La fille, à travers ses larmes, arrive quand même à balbutier :

– Mais comment peut-on laisser mourir quelqu'un ici ? C'est des soins intensifs ou quoi ? Merde !

– Ma chérie, viens...

– C'est honteux !

– Allez, ma chérie, viens.

Je me suis mis à boire du café comme les autres, peu après. Je ne dormais plus ni le jour, ni la nuit, tant ma tête était remplie d'émotions, de stress, de visages angoissés et de peur rétrospective. Je m'étais dit qu'au vingtième décès je m'en irais, et je le fis. Ils furent un peu étonnés, mais j'avais largement dépassé mon quota d'adrénaline... pour trois vies.

24.

Comme une étoile amarante, comme un papillon de nuit

Je ne suis pas fait pour travailler de nuit. J'ai essayé (essentiellement pour des raisons financières), on me l'a imposé (par roulement, chacun son tour, tout le monde y passe dans l'équipe, aux trois-huit), mais finalement j'ai craqué, au petit matin, sur le parking d'une clinique dans la banlieue toulousaine. Je n'en pouvais plus. À bout.

Le corps humain n'est pas fait pour travailler la nuit. Que certains y trouvent leur compte, du plaisir ou le choisissent en leur âme et conscience, soit, mais, physiologiquement, le corps humain n'est pas fait pour travailler pendant les heures où le soleil est couché. Le pourcentage de diabétiques explose chez les filles de nuit. Le nombre de divorces est multiplié par deux. La peau prend un sale coup de fripé sur la tronche. Les articulations gémissent. Le sommeil, réparateur en début de carrière, devient fractionné, épars, et le temps passé à dormir se réduit comme une peau de chagrin.

Mon drame personnel : j'ai un sommeil si léger, si fragile que si je ne respecte pas mes horaires de coucher (22 heures, 23 heures, en gros) ma nuit est foutue. Je me lève tôt, tous les jours, dimanche compris (entre 5 heures et 6 heures), parfaitement reposé et ravi. Mon compte en heures y est, ma journée se passe sans que je bâille, je suis en pleine forme.

Lors du travail de nuit, plus rien ne va. Mes yeux me piquent à l'heure à laquelle je devrais aller m'allonger, puis, pendant une bonne partie de la nuit, j'ai faim comme si je n'avais rien mangé depuis deux jours. Je me rue sur les frigos à la recherche d'une compote, d'un yaourt, d'un petit Kiri dont un patient n'aurait pas voulu et qu'une aide-soignante aurait embarqué pour l'équipe en vidant les plateaux revenus des chambres.

Je deviens également plus maladroit dans la dernière tranche, pour finir carrément frigorifié vers 5 heures, quand Paris s'éveille. Les dernières soixante minutes sont toujours les pires, et c'est à ce moment-là que je dois faire les prises de sang... Horreur.

Quelques minutes avant 7 heures, affalé sur une chaise, recouvert d'une chemise blanche de bloc pardessus la blouse comme maigre pull-over de fortune, on attend la relève, qui prend son temps, pas pressée de venir bosser...

Aparté : j'ai toujours été ponctuel en arrivant à l'hosto par respect pour les filles de nuit. Je me faisais un devoir d'arriver en avance pour qu'elles ne se tuent pas sur la route en rentrant chez elles. Certaines bécasses égoïstes qui arrivaient surmaquillées au café, trente minutes après l'heure attendue, trouvaient normal que la « veilleuse » soit restée à attendre pour leur faire les trans'. Par principe et quelle que soit la personne, je ne suis jamais pote avec quelqu'un qui arrive en retard tous les jours aux trois-huit. « Les prolos seront tous ponctuels face à la pointeuse, mais certains prolos sont plus ponctuels que d'autres. » Mort aux traîtres. Miss Fion passe un temps fou à se maquiller pour être la plus belle en service ? J'arrive à temps pour rafler le secteur le moins chargé. On verra qui dégoulinera de sueur prolétaire, sous sa couche de fond de teint, à midi, couillonne.

Donc, on attend la relève, qui prend son temps, pas pressée de venir bosser, et on finit les classeurs, notant pour chaque chambre les petits événements de la nuit.

Elle arrive enfin, la collègue : les trans' peuvent commencer. L'équipe de nuit parle (l'infirmier prend la parole, l'aide-soignante ne pipe mot ou attend qu'on lui donne la parole, rarement complète les propos de l'inf' ; tout dépend de l'âge des uns et des autres) et l'équipe du matin, numériquement plus importante, peut prendre des notes (obligatoires pour l'infirmière si elle ne veut pas oublier le truc vital de la matinée) ou siroter le mauvais café Maxwell de la machine.

Toutes les infirmières ont des stylos Bic quatre couleurs dont les clic-clac agrémentent d'une étrange mélodie le lever d'un soleil jaunasse au loin, réchauffant à peine l'office. Ce bruit façon « petite percussion », je ne l'oublierai jamais, clic, clac, clic, du rouge pour les bilans sanguins, du bleu pour les trucs à faire du quotidien, du vert s'il est perfusé, du noir pour les questions à poser. Chacun sa légende, chacun sa méthode. Pour ma part, j'ai choisi la grande feuille blanche que je quadrille à la main, un carreau par patient.

Avec un peu de chance, le secteur n'a pas trop bougé depuis la veille, pas d'entrée, pas de sortie, les patients sont les mêmes, je n'ai qu'à reprendre ma vieille feuille de la veille et mes mêmes infos tout en y ajoutant du baratin façon couleur locale du jour dans le but de faire croire que j'ai quelque chose d'intéressant à dire. Avec pas de chance du tout, je suis en chirurgie, le service s'est vidé hier pour se remplir en soirée, je ne connais aucun patient, je confonds les retours de bloc avec les opérés du jour et, comble de bonheur, la nana en face de moi revient d'un congé maternité, de vacances ou est intérimaire : elle ne connaît aucun patient et je dois lui faire tout l'historique malgré ma tête lourde qui tombe en avant et mes frissons. Je n'ai qu'une envie, filer au lit.

7 h 07. La dernière aide-soignante arrivée ne trouve pas de chaise et finit par s'asseoir sur le lave-vaisselle.

En comptant les deux élèves infirmières, les trois élèves aides-soignantes, la dame du ménage, le groupe des aides-soignantes, les deux infirmières et ma collègue de nuit, c'est plus de treize personnes qui n'attendent absolument pas que je commence.

C'est toujours pareil, soit moi, soit une infirmière de jour interrompt le vacarme :

– Bon, les filles, on y va, merci ! Vas-y, William, je t'écoute, dit-elle le stylo en l'air, le doigt sur une des quatre couleurs, prêt à cliquer.

– Alors, la 411 : Poyartin, la prostate à côté du papi qui perd la boule, il a passé une super mauvaise nuit, il a pas arrêté de sonner non-stop, on y est allés genre quarante fois, un cauchemar. Le papi est dément, il se croyait au marché d'Albi *(petits rires compatissants de l'équipe)*, il voulait qu'on le sorte du pieu pour l'amener à la camionnette de livraison. Il a enjambé les barrières et il a manqué tomber, j'ai dû finir par l'attacher. Tu demanderas la prescription, je te prie.

– À qui ? Carlier, il ne veut pas signer les contentions.

– Demande à l'interne *(bruit de clic noir)*, je veux pas un procès pour maltraitance parce que j'ai attaché un vieux alors que je me taperais un procès pour faute d'inattention s'il tombait du lit par ma faute en sautant par-dessus la barrière parce que je l'avais pas attaché.

Une vieille aide-soignante me coupe :

– Non mais, maintenant il faut une ordonnance

pour attacher les déments ? Mais où on va, où on va ?...

Je hausse les épaules et je reprends :

– Donc à côté, Poyartin, la prostate, il sonnait pour nous prévenir, on en profitait pour lui changer les poches du rinçage de la vessie toutes les quatre-vingt-dix minutes, ça pissait que ça en pouvait plus, la diurèse était pas très claire, un peu sanguinolente, tu verras, je me demande s'il va pas nous sortir un caillot par la sonde urinaire. J'ai tout noté, ça doit faire trois litres sur vingt-quatre.

– On garde toutes les urines ?

– Oui, je t'ai laissé toutes ses mictions dans la salle de bains, il y avait deux grands pots de trois litres, mais Carlier veut absolument qu'on les laisse à dispo parce qu'il insinue qu'on sait pas compter correctement les totaux en litres.

Murmures outrés de l'équipe ; un « quel connard, celui-là » bien audible au fond provoque des hochements de tête.

Je reprends :

– À côté, la 412 : Mme Fargeaud, le cancer terminal qui n'en termine plus, sympa, vous me l'avez blindée à la morphine hier pour qu'elle me clamse dans les mains pendant la nuit, merci l'esprit d'équipe, heureusement que je fais pas pareil, moi, y a marqué une morphine toutes les deux heures, j'attends les deux heures, je fais pas comme Delphine, qui veut pas se retrouver avec une morte sur sa tranche horaire et qui attend le soir pour lui faire les cinq morphines d'un coup. Oui eh bien, vu l'état respiratoire hier au soir en arrivant, je me doute que c'est ce qu'elle a osé. Delphine, me prends pas pour un idiot. Qu'est-ce que je fais, moi ? Moi aussi, je fais mon collabo et je lui fais zéro piqûre de la nuit pour pas me retrouver à faire les papiers du décès ? Hein ? On en reparle en équipe, je suis désolé mais je veux qu'on l'aborde en réunion, une fois de plus ça va encore être les mecs de nuit qui se prennent tous les décès, je suis désolé mais on est une équipe, si vous voulez pas de morts sur votre tranche, eh ben vous faites pas infirmier, vous allez mettre des CD dans les rayons à la Fnac. La pauvre vieille, elle a pas eu une morphine de la journée, elle devait se tordre de souffrance tout l'après-midi et vlan, à 8 heures du soir : cinq doses d'un coup. Ah ça, moi, quand j'arrive de nuit, elle n'a plus mal, certes, mais elle est défoncée et elle s'étouffe. Bref. *No comment.* La 413 : Moulisson, je te dis rien, tu le connais mieux que moi. La 414 : Bertignac, il sort aujourd'hui, les papiers sont prêts, l'interne a signé les ordonnances, l'ambulance est prévenue, il nous a offert une boîte de Leonidas *(concert de protestations : « Encore ? Mais ils connaissent que ça, ou quoi ? »)* mais je l'ai pas touchée, je l'ai mise au frigo. Il est crade, celui-là, je te promets que même si la boîte est neuve, rien que de savoir que c'est lui, même pas je vais en manger un. À côté, la 415, c'est vide.

– Elle est plus là, Mme Giroult ?

– Ben non, elle est morte, euh, attends, lundi, oui,

lundi, on l'a trouvée blanche au café en venant débarrasser le plateau.

– Non ? Elle était sympa !

Christiane, une vieille aide-soignante, prend la parole :

– T'as lu l'avis de décès dans le journal ? Vachement beau. Son fils, il a laissé trente euros qu'on a mis dans la cagnotte et il a offert du café à l'équipe *(concert de « aaaaah ! »)*. On lui a mis la petite robe verte, tu sais. Elle était très belle, dedans, très calme.

Je reprends :

– La 416, une entrée de 9 heures, apparemment une prothèse de hanche de VanGuiem *(toutes les filles, de concert : « HEIIIIIN ? ENCORE ?! IL NOUS POMPE, CELUI-LÀ !!! »)* qui nous l'a casée dans le service parce que c'est plein chez lui, et oui, je sais, on va encore se taper ses pansements de névrosé parce que Herr Doktor veut les voir tous les matins entre 9 heures et 10 heures. Carlier est au courant, il a dit oui et il paraît que le patient est un ami personnel de VanGuiem qui joue au golf avec lui et qu'il faut le bichonner. Je te raconte pas le regard que j'ai décoché à Carlier, qui s'est barré vite fait bien fait à ses consultations sans la ramener, comme d'hab. Donc, pour résumer, dès qu'on a un lit de vide, tu peux y aller, VanGuiem il nous y colle une PTH [prothèse totale de hanche], mais quand c'est vide chez lui, ah ça, t'en entends jamais parler, et Carlier, il double les chambres, voire même les triple, puisque... puisque...

– Nooooooon ? Ne me dis pas...

– Mais si, la 417, la famille Cheriff est encore là...

– Ah mais non, ils étaient programmés de sortie vendredi ! Non ! Je refuse de leur parler, le père, il pue, il pue, c'est une honte, je te jure qu'il n'a pas dû se laver une seule fois depuis que sa femme est entrée à l'hosto.

– C'est pas faute de lui avoir fait des allusions, hein...

Concert de murmures :

– Ça, c'est les gitans, c'est des voleurs, ils sont sales, tu peux rien leur dire, ils t'égorgent !

Je coupe :

– C'est pas vrai, je suis allé en stage en libéral, on allait faire des toilettes dans des caravanes qui étaient plus propres que des maisons de bourges sur les rives de la Garonne.

Haussements dubitatifs de mentons. Les ignorant, je continue :

– Donc, les Cheriff, ils sont là, le père, la mère, le fils, tu connais les gitans, tu en prends un, tu en gagnes quinze, ils veulent plus sortir, il paraît que l'assistante sociale qui s'occupait du dossier les a envoyés balader et que l'appart social n'est plus dispo donc ils ne veulent plus sortir, point. Carlier a, bien sûr, regardé au plafond en silence et il leur a dit qu'ils pouvaient rester une semaine de plus ! Voilààà ! *No comment !* La 418 : sortie ce matin, rien de particulier, ils ne voulaient pas des ambulances du Haut-Plateau alors j'ai commandé un VSL [véhicule sanitaire léger] chez Tony, qui était super content qu'on fasse appel à lui. Il avait l'air vraiment heureux, je me demande si on devrait pas l'utiliser plus souvent, lui, non ?

– Ce n'est pas lui qui avait eu un retrait de permis pour conduite en état d'ivresse, une fois ? Ce n'est pas lui ?

– Je sais pas. En tout cas, ce n'est ni un pote de golf à Carlier, ni le beau-frère de la femme de Carlier, ni personne que Carlier connaît, donc je pars du principe que c'est un mec bien qu'on devrait appeler plus souvent... 419 : il va bien, oui, merci pour lui. Et 420 : que du bonheur, elle se casse demain, je peux plus la blairer, celle-là... « Et apportez-moi la télécommande plus près, et mettez-moi les chaussons à portée de main, et pourquoi vous n'êtes pas venu plus tôt, et je vous ai sonné pour que vous veniez me dire à quelle heure commencent *Les Feux de l'amour*... » Ah, l'horreur, mais achète-toi *Télérama*, vieille bique !!!

*

* *

Parfois la nuit commence mal et on se dit qu'elle durera une semaine, parfois elle commence bien et on la finit le dos cassé, les larmes aux yeux, accoudé contre le miroir du vestiaire, à regarder des cernes de trente ans qui ne partiront plus.

On remet les vêtements qu'on avait ôtés dix heures plus tôt, on y retrouve l'odeur de son corps, l'odeur normale, l'odeur qu'on avait la veille, celle qu'on a laissée derrière pour gagner de quoi payer le loyer.

Une nuit comme une autre, je me dépêche de me rhabiller, je jette ma blouse sale dans la panière à linge en priant pour qu'il y en ait une propre à ma taille ce soir. Puis je me ravise, non, pas un vendredi, garde-la encore une nuit sinon ce soir tu n'auras rien à te mettre. Je regarde le col blanc qui peu à peu s'est teinté de sombre, la crasse de mon travail qui contredit les règles d'hygiène les plus strictes. La surveillante me demande de changer de tenue tous les jours mais la buanderie ne renvoie pas mes blouses, alors je remets celle de la veille. Et de l'avant-veille. Et du jour d'avant. Mon pantalon est taché d'une goutte de sang au genou, le sang du mort de la 421.

Je l'ai déperfusé à 6 heures, il est mort seul, pendant la nuit. En retirant le cathéter de sa veine, une fine perle de sang a glissé pour venir se figer sur mon pantalon. J'ai maudit un instant ma maladresse et, machinalement, je lui ai mis un sparadrap au pli du coude, pour éviter que ça ne saigne un peu plus. Sa bouche tordue laissait pendre un peu sa lèvre inférieure de côté qui, si je ne fermais pas le tout avec un bout de Scotch, allait peut-être finir par se dessécher et tomber. Non.

Ma collègue Martine entre dans la chambre. Elle renifle fortement :

– On se casse ? On n'a qu'à dire qu'il était vivant au dernier passage, elles feront la toilette ce matin. Elles auront que ça à faire, c'est vide au secteur nord.

– Je me tâte, je suis mort de fatigue, là.

– Ouais, lui aussi.

Éclat de rire. Je regarde le soleil se lever. Je lui touche le mollet, froid, congelé. Renifle un coup. Il pue la merde. J'évalue la situation. Me décide :

– Non, on va le changer, elles vont voir que la merde est trop sèche pour un décès de dernière minute... Ça va se plaindre, ça va remonter aux oreilles de la surveillante, déjà qu'elle ne nous aime pas. Tu peux aller chercher une couche et une chemise de bloc, je te prie, il en reste sur le chariot, allez, encore un effort.

– Pff, toi et tes détails...

– Elles ne verront que ça, sinon. Allez, dépêche-toi.

« Dépêche-toi vraiment, je pense en moi-même, j'ai peur des cadavres. »

J'entends les sabots de Martine claquer dans le couloir, elle farfouine un instant sur le chariot et crie en chuchotant (tout un art, mais nous sommes au petit matin dans un service d'hôpital) :

– Il n'y a plus de chemises, je vais voir à la réserve !

Et voilà, gagné, elle s'en va pour de bon.

Je regarde dans la chambre pour voir si c'est à peu près propre. Ça a l'air. Du pied, je pousse le deuxième chausson vers le premier pour donner un peu de logique à la scène, je fais couler l'eau du verre à dents sur la plante qui s'assèche et le gant sale part au sale... Puis le savon est retourné, face sèche sur le dessus. Voilà, ça fait plus propre.

Je fais bien attention de rester face au mort, toujours, de ne pas lui tourner le dos, jamais, de bien garder mes yeux sur lui, enfin, pas tout à fait sur lui mais vers lui, et je travaille de trois quarts. Je veux être sûr que si jamais ses yeux s'ouvraient d'un coup, les pupilles jaunes, un rictus de tueur sur les babines, si ses bras se levaient droit en équerre et qu'il sortait du lit mécaniquement comme un zombie, je veux être sûr que je le saurais tout de suite et non à la dernière seconde, en levant les yeux dans la glace, au moment où ses dents s'enfonceraient dans ma gorge et que le sang giclerait partout. Martine entrerait quelques minutes après et se ferait tuer comme moi, après une course-poursuite dans le couloir, course-poursuite qu'elle perdrait suite à sa chute dans l'escalier.

Pff, elle est longue, cette truffe.

Il ne bouge pas.

Le cadavre ne bouge pas.

Je suis à deux mètres du lit.

Je m'approche.

Encore un peu.

Il ne bouge toujours pas.

Je décide d'exorciser ma peur ; enfin, je ne me dis pas ça, mais je décide que je vais tenter un truc, juste pour me prouver que tout ça est stupide, que les zombies n'existent pas et que les morts n'ont jamais tué personne. Lentement, j'avance vers lui. En serrant les dents, je pose ma main sur son épaule nue. Froide. J'appuie. Rien. Rien ne se passe. Ses yeux restent fermés. Lèvres bleues. Oreilles bleues. Narines légèrement retroussées.

Ma main s'avance vers son menton puis, subitement, décide de le gratouiller comme elle ferait avec un gros chat. Ronronne, gentil petit cadavre, ronronne et dis-moi qui est le plus vivant de nous deux ? C'est moi... C'est moi.

Je me penche alors d'un coup et, malgré ce hurlement intérieur qui me commande plutôt de partir en courant, je pose mon visage de côté à deux centimètres du sien, mes yeux contre ses yeux, mon nez contre son nez, ma bouche presque prête à l'embrasser en coin comme un baiser ridicule. Je pourrais presque me pisser dessus tellement j'ai peur, mais je veux me le prouver.

Me le prouver.

Les morts sont innocents, les morts sont gentils, les morts sont morts. Je compte alors. Dix.

Neuf.

ALLEZPLUSQUE...

Huit.

Sept.

Sixquelleidéestupide.

Cinq.

Quatrejaimalaucouquelleconnerie.

Trois.

Deuxjeteniquesalemortmêmepaspeur.

Unetvoilàcestfini.

Et alors que je me relève, à l'instant où mon nez s'éloigne du sien enfin, le mort éructe soudain d'un souffle fétide et chaud qui saute à la gueule, haleine de l'enfer venue sûrement me prendre ou me voler mon esprit ; je crie dans ma barbe et je pars à reculons, horrifié, tombant comme une pierre dans le fauteuil derrière moi, le cœur à l'arrêt.

Ce cadavre vient de me roter dessus ! Ce foutu mort ! J'ai failli mourir de peur, moi ! CON DE MORT ! Je le déteste, je cherche partout sur le corps un autre signe de vie diabolique, mes poings se serrent sur mes ciseaux, dans ma poche, je guette son genou, son coude, sa poitrine qui ne prend pas d'air, j'attends une seconde mais non, non, il ne recommence pas.

Ma respiration, peu à peu, se calme ; je le fixe, je ne le lâche plus de l'œil mais mon estomac se détend, enfin. Martine entre alors dans la chambre. Goguenarde, elle m'avise :

– Monsieur prend le thé ? Monsieur fait la conversation ? Mais tu te rends compte, j'ai dû descendre au deuxième chercher une chemise, on n'en a plus une seule ! Je ne sais pas ce qu'ils foutent à la buanderie depuis qu'ils ont sous-traité, ça devient n'importe quoi. Eh bé ! T'es tout pâlichon ! T'as vu un mort ?

Elle éclate de rire. Je soupire :

– Le cadavre m'a roté à la face pendant que je le déperfusais.

– Ça arrive tout le temps, ils soufflent parfois, quand on les retourne. Ça arrive. Des fois, ils pètent quand on leur enfile le costume. Qu'est-ce qu'on rigole, ici !

– Ce con m'a fait peur.

– Ne dis pas « ce con », William, ça me gêne.

– Tu le connaissais ?

– Oui, c'est ma troisième nuit, il est arrivé lundi. Tu vas appeler sa femme ?

– Non. Carlier va le faire. Il a la paye du toubib, il a les responsabilités du toubib !

– Non, je te dis que tu devrais appeler sa femme avant qu'elle emmène ses gosses à l'école. On ne sait jamais. Qu'elle vienne ici directement, peut-être...

– Ouais, mais les gamins ? Elle va en faire quoi ? Elle va pas les emmener voir le père ici, non ?

– Tu connais les gosses, toutes les excuses sont bonnes pour pas aller à l'école... *(Elle prend une mauvaise voix de gamin.)* « Maîtresse, on n'a pas pu venir parce que, papa, il était mort ! »

On éclate de rire tous les deux. Silence complice dans la chambre. Je sais qu'elle apprécie de faire les nuits avec moi, que je peux compter sur elle pour me donner des coups de main. On forme une bonne équipe, tous les deux.

Regardant le timide soleil à travers les volets, Martine se reprend :

– Bon, t'as vu l'heure ? Si on se dépêche, on aura même le temps d'en fumer une avant qu'elles arrivent. Go. Dieu, mais il est lourd ! Il faisait du sport avec le Nutella à la main, celui-là, dans sa caserne ? Abrutis de militaires !

25.

Heart of darkness

Déjà que je déteste le quartier, l'affichette dans l'entrée ne me rassure pas des masses. Écrite maladroitement à la main, au feutre, on déchiffre difficilement la phrase suivante : « Puisqu vous avait encore cassé la minuterie, nous ne donneron plus la lumière dans les couloirs jusquà la fin du mois. »

J'allume la fonction « torche électrique » sur mon téléphone portable (Dieu bénisse la technologie !) et j'appuie sur le bouton de l'ascenseur. Qui ne vient pas. La porte est entrebâillée, la cage est vide, la bestiole devant être coincée quelques mètres au-dessus de ma tête. Pas grave. Neuf étages, ça fait les fesses fermes. L'immeuble en compte onze, la situation aurait pu être bien pire.

Activité favorite des habitants du coin : jeter les poubelles (pleines) dans la cage d'escalier, poubelles qui viennent s'écraser quinze mètres plus bas. Les premières marches sont jonchées de verre brisé, de fruits pourris, d'épluchures de légumes, de bouts d'os récurés. Ça grouille sous les marches, comme si un oiseau vivait là. Je pense à un rat, à des rats et je frémis. Nous sommes à une vingtaine de kilomètres de la capitale, de l'Élysée, de Matignon. Ma France républicaine est loin. Qu'il est laid, le pays qui offre un tel dépotoir à ses classes ouvrières, à ses classes laborieuses ! Qu'il est laid, mon pays !

On y pisse aussi, et des litres d'après l'odeur, dans cette cage d'escalier. Mes Converse toutes neuves collent au sol et font un bruit gluant et sec lorsque j'évite in extremis une boîte de raviolis vidée de son contenu.

On doit même y laisser traîner son chien, sur ces marches, vu les crottes séchées çà et là.

Peu à peu, mes pas deviennent mesurés, ma respiration se fait parcimonieuse, mes yeux scrutent l'obscurité déplaisante à la recherche d'un objet à contourner ou d'une marche plus accueillante et moins encombrée qu'une autre.

Ma montée est lente, j'en oublie presque de regarder les numéros sur les étages, lorsqu'ils n'ont pas été arrachés. Surprise, entre le quatrième et le cinquième, une mère et son adolescente descendent une poussette, la fille tenant les roues, la mère, les poignées. Deux bébés noirs à moitié endormis occupent la place réservée à un seul. L'adolescente ne répond pas à mon salut, qui me semble aussitôt incongru, voire déplacé. La politesse deviendrait superflue dans les étages de la misère ; l'idée me traverse l'esprit avant que la mère ne me souffle, épuisée :

– Faites attention, ils ont jeté de l'huile au-dessus, ça glisse, monsieur.

– Merci, madame. Bon courage pour la descente.

– Oh, j'ai l'habitude !

Je renonce également à poser ma main sur la rampe, y ayant attrapé toutes les saloperies accumulées pendant des semaines (des années ?). Je la fais reculer dans mon pull et je tire sur la manche qui, désormais, agrippe tous les quarante centimètres un petit bout de montée supplémentaire. Les pulls, ça se lave.

Au neuvième, je renonce à chercher la porte et je sonne à la première qui se présente sur ma droite. Personne ne répond. Une étiquette scolaire (« Offert par les biscuits Lu », peut-on lire dessus) m'indique que je suis bien chez mon patient. Je frappe fort. Une voix hurle au fond de l'appartement :

– Poussez ! Entrez ! Je suis dans la chambre.

– Je cherche la lumière, je ne trouve pas l'interrupteur, monsieur Diallo.

– Il n'y a plus de courant, c'est tout droit, venez, vous allez trouver.

La tapisserie est déchirée. Toutes les fenêtres sont obturées par du carton, mais une main féminine a ajouté des châles colorés sur chacune, donnant une impression sordide de palais des *Mille et Une Nuits* au lendemain d'une fête décadente marquant les derniers instants d'une civilisation. Une photo de La Mecque. Des tapis couvrant un lino cancéreux. Ma « torche » me guide vers le lit.

Il se tord vers moi et me tend la main.

– Vous avez pu venir, enfin, enfin ! Ça me gratte, si vous saviez, si vous saviez !

– Monsieur Diallo, vous n'avez plus d'électricité depuis quand ?

– Depuis une semaine, on me l'a coupée.

– Mais ils coupent en hiver ? Vous avez écrit ?

– Oh, je n'ai pas payé les factures depuis que je suis entré dans l'appartement, il faut bien qu'ils coupent à un moment. Écoutez, on parlera de ça après, ça me démange tellement, faites le pansement, s'il vous plaît ! J'ai allumé plein de bougies, ça devrait suffire.

L'ulcère variqueux occupe une moitié purulente du mollet droit, gonflé et rouge comme une saucisse de Francfort. La circulation ne se fait plus dans les jambes car le cœur fatigue. Il allume une cigarette. Je proteste pour la forme :

– Oh hé, dites, vous ne voulez pas attendre deux minutes que je finisse de bosser, je vais puer la clope, moi, merci pour les travailleurs, hein !

– J'éteins, j'éteins.

Il écrase son mégot sur le vieux tapis rouge. Le drap est gluant de pus du niveau du genou à la cheville ; la tache ronde d'un bon mètre de diamètre a infecté le matelas qui suinte un peu aussi. Il a mis du PQ pour parer au plus pressé, mais le pus est toujours là. L'odeur est inhabituelle. Je trouve une sorte de pâte gluante et rougeâtre sur la plaie. Je l'enlève délicatement de mon doigt ganté. Il répond sans que j'aie rien demandé :

– C'est de la confiture. J'ai lu qu'on mettait du sucre sur les plaies, mais comme je n'ai plus de sucre, j'ai demandé à la voisine de me donner un peu de confiture. Ça a marché, non ?

– Oui, on dirait que oui, je ne sais pas pourquoi mais la plaie est un peu moins moche. C'est inhabituel, mais j'ai vu pire. On pourrait y mettre des vers, aussi, vous savez.

– Des vers comment ?

– Des asticots blancs. On met des asticots blancs dans les plaies, comme ça ils grignotent les parties pourries et laissent intactes les parties saines ; je crois que ce sont des charognards à la base et qu'ils ne mangent que le mort. Mais ne comptez pas sur moi pour vous les mettre, plutôt mourir que de toucher des asticots, quelle horreur !

– Vous êtes paradoxal.

– Je sais.

– Et votre livre ?

– Ça avance, il sort jeudi.

– Vous prendrez l'exemplaire du mien en sortant, hein, vous me l'avez promis la dernière fois et on m'a dit que vous n'y aviez pas touché.

– Je suis gêné, je préfère l'acheter.

– Bah ! Qui veut acheter de la poésie de nos jours, qui ? Vous le prendrez ! Et vous me donnerez le vôtre la prochaine fois.

– Vous allez vous esquinter les yeux si vous le lisez à la bougie.

– Mon fils revient pour les fêtes, il va apporter un groupe électrogène au fuel.

– Dans un appart ? Mais c'est du délire, non ? C'est super dangereux, monsieur Diallo, je crois.

– Il faut bien qu'on s'éclaire de temps en temps, non ?

Un de ses trois portables sonne. Il décroche et répond en wolof quelques phrases avant d'éclater de rire et de raccrocher. Souriant, il me regarde terminer.

– Monsieur William, si je peux me permettre, mais j'aimerais que vous ne vous vexiez pas...

– Oui ?

– Je souhaiterais vous faire partager un trait d'esprit, mais je ne voudrais pas que vous le preniez mal, surtout...

– Allez-y, allez-y... J'aime bien les blagues.

– Je sais que vous êtes salarié, mais en ce moment on pourrait dire que vous travaillez au noir dans le noir sur un Noir...

Grand éclat de rire gras de fumeur.

Je souris.

– Vous ne perdez pas votre sens de l'humour, au moins !

– Ma mère me disait toujours... *(Il parle en wolof)*, ce qui signifie en français : « L'homme qui ne rit pas ne sait pas s'il meurt ou s'il vit. » Vous avez ri, aujourd'hui ?

– Pas vraiment. C'est marrant, un autre de mes patients à l'autre bout du département m'a un jour sorti quasiment la même chose !

– Eh bien, tâchez donc d'y penser avant ce soir !

26.

Moi, à ta place…

Elle a le même âge que moi et elle le sait, je le lui ai dit, le premier jour. À quelques jours près, nous aurions pu être jumeaux. La vie que nous menons est pourtant bien différente.

J'ai vingt-six ans, je suis infirmier sur mon premier poste, célibataire, premier appart, premiers salaires, premières folles nuits.

Elle a vingt-six ans, elle est femme de gendarme, quatre enfants, cinquième grossesse, et elle s'étouffe lentement. Ça ne se passe pas bien du tout. Elle a un Guillain-Barré et « c'est mal barré », comme j'entends les filles dire à l'office.

Je découvre la maladie un peu plus chaque jour. Elle est entrée pour des migraines, des paresthésies dans la main gauche, des pertes d'urines. Au deuxième jour, elle ne se servait plus de sa jambe droite. Au troisième, de tout le côté gauche. À la fin de la semaine, on lui avait mis une sonde urinaire, une couche, de l'oxygène, aussi, un peu. Le lundi d'après, elle ne peut plus bouger le petit doigt. Tout le corps est paralysé.

Elle remue encore faiblement la tête, parle difficilement d'une voix rauque. Elle est épuisée, tout le temps. La saturation chute, on parle de la trachéotomiser, c'est-à-dire de lui faire un trou dans la gorge pour y introduire une canule (une longue tige creuse en plastique) et de la ventiler mécaniquement, avec un appareil. Bientôt, si une machine, de force, ne lui insuffle pas de l'air dans les poumons toutes les deux secondes, elle mourra étouffée en quelques heures.

On lui explique.

Elle chuchote « oui », faiblement. Elle connaît sa maladie, qui progresse par épisodes et rémissions, elle a déjà eu une poussée lors d'une précédente grossesse. Le mal était parti aussi soudainement qu'il était apparu. Personne ne comprend rien.

Le mari gendarme vient avec les quatre gosses et passe des heures dans la chambre. Je dois faire attention où je pose mes pieds pour ne pas marcher sur une girafe Sophie ou une petite main. Le vacarme est infernal, la chambre, surchauffée, les gamins ne s'arrêtant pas un instant et tournant autour du lit. Ça saute, ça piaille, ça crie.

Le jeune père, dépassé, attend sur une chaise en regardant d'un œil Eurosport. Cheveux ras, allure sportive, mâchoires épaisses, regard viril, poignée de main efficace, langage concis : pas de doute, il est militaire. Il se lève bien droit dès que le médecin entre dans la chambre, presque au garde-à-vous. Il écoute. Ne pose pas de questions. Elle, elle ne sourit plus depuis la veille, plus la force.

Le médecin explique :

– Trachéotomie imminente, ventilation, repos, pas de thérapeutique particulière, repos, évolution incertaine, attente mais repos, repos, repos.

Le gendarme hoche la tête. Nous remercie chaleureusement. Et revient, jour après jour, dans la chambre, avec ses quatre gamins. On les entend hurler dans le couloir. Parfois, une fille de l'équipe intervient. Ils se calment un instant puis reprennent. Vacances scolaires, nous avons deux semaines à tenir.

Un soir, au change, la diarrhée est forte, la mère ne peut plus la retenir. La laver devient délicat, son ventre est si tendu qu'on ne la croirait pas au cinquième mois mais presque à terme.

Le père ne veut pas sortir de la chambre malgré la puissante odeur de merde liquide. Nous demandons qu'il sorte ses enfants.

Il hausse un sourcil :

– Dans le couloir ? Pourquoi ?

– Pour que nous puissions changer votre femme.

– Nous ne sommes pas pudiques, à la maison. C'est l'école de la vie. Faites ce que vous avez à faire !

Je sens la moutarde me monter au nez :

– Non. Je ne travaille pas devant cinq personnes. Désolé. Si vous n'êtes pas pudique, moi, je le suis. Sortez, s'il vous plaît.

– Les enfants en verront d'autres !

– Peut-être. Mais pas quand je bosse. Écoutez, si vous ne sortez pas, j'appelle le médecin.

Mon aide-soignante s'y met aussi :

– Monsieur, votre femme a besoin d'air pour respirer mais aussi d'intimité pour vivre...

Une heure plus tard, je le trouve en grande conversation avec le chef du service, au coin d'un couloir. On parle de nous, visiblement. L'aide-soignante hausse les épaules :

– Je ne risque rien, c'est toi qui vas prendre.

Le chef de service me fait signe de rappliquer tout de suite. Le cœur battant, je m'approche. Alors que j'ouvre la bouche, il me coupe la parole :

– Quel est le problème ? Vous avez un souci de pudeur mal placée ? Vous lisez trop Dolto ! Si monsieur veut assister à la toilette, monsieur assiste à la toilette ! C'est son mari, vous pouvez le comprendre, non ?

– Mais...

– Écoutez, nous n'avons pas à nous immiscer dans les couples, faites votre boulot, point. Vous êtes là pour les toilettes, pas pour réfléchir.

– Je ne suis pas là que pour...

– Vous devez avoir une sonnette qui vous attend, merci.

Deux jours après, contre toute attente, elle va mieux. Agite les doigts. En fin de semaine, elle reparle, doucement. Dix jours après, elle peut rester inclinée, seule, contre des coussins.

Un matin, en lui apportant ses médicaments, je

vois un homme sortir de la chambre. Classe, mallette de cuir, l'air sérieux. Je plaisante en entrant :

– Dites, votre amant, il en impose !

– Ce n'est pas mon amant. C'est mon avocat.

– Vous avez un avocat ? Mazette !

– C'est pour mon divorce.

Je mets quelques secondes à comprendre.

– Vous demandez le divorce à votre mari...

– Oui.

– Mais pourquoi ?

– Je ne le supporte plus. J'ai passé trois semaines entre la vie et la mort et tout ce qu'il était capable de me dire, c'était : « Il faut que tu rentres, je ne m'en sors pas, il faut que tu rentres, les lessives s'entassent, il faut que tu rentres, ma mère ne veut pas rester. »

– Ouch ! Je vois très bien le genre, j'avais super bien cerné le personnage.

Classique.

Tout fier, je lui sors l'épisode de la diarrhée, persuadé que ces minutes ont joué un rôle décisif dans sa prise de décision. Elle cherche longuement de quoi je parle puis hausse les épaules.

– Ah, ça ? Euh, non, non, ça ne me gênait pas le moins du monde. Les enfants en verront d'autres, vous savez. C'est l'école de la vie.

– Ben, euh, au niveau psychologique, c'est-à-dire... je crois que...

– Écoutez, justement, je poursuis mes études de psychologie, je vais vous le dire très gentiment, si je peux me permettre : travaillez plutôt votre empathie que la lecture de *Femme actuelle*. Je vous le dis sans méchanceté, d'accord ? Vous direz moins de bêtises et vous aurez moins l'air sûr de vous.

Carl Rogers donne cette définition : « Être empathique consiste à percevoir avec justesse le cadre de référence interne de son interlocuteur ainsi que les raisonnements et émotions qui en résultent ; c'est-à-dire capter la souffrance ou le plaisir tels qu'ils sont vécus par l'interlocuteur, en percevoir les causes de la même façon que lui. Vue sous cet angle, l'empathie peut se concevoir comme une compétence interpersonnelle nécessitant un ensemble d'aptitudes intrapersonnelles. Certaines de ces compétences vont permettre d'être en empathie, d'autres, de savoir l'exprimer avec justesse et de manière opportune. Ces deux temps sont nécessaires et indissociables. C'est en effet l'expression sincère de l'empathie qui a une efficacité thérapeutique. Parler à une oreille qui offre une bonne écoute mais qui ne dit rien peut être déroutant pour le patient. Il en est de même lorsqu'un interlocuteur exprime de l'empathie sans être sincère. »

27.

Fonctionnaire d'un jour

J'ai obtenu une mission d'une journée. J'ai dit oui pour soulager la nana de la boîte d'intérim qui m'appelait pour la cinquième fois :

– Dites oui, je vous en supplie, dites oui ! Je suis très ennuyée, ces gens sont des nouveaux clients, c'est un gros ministère public, nous ne les avons jamais eus avant pour une mission. On a besoin de quelqu'un de confiance, quelqu'un qu'on envoie au feu *(rire nerveux)*, vous allez dire oui, bien sûr ? Allez, je sais que vous aimez ça, quand on vous donne un nouveau client ! Silvouspléééééé !!!

Je râle pour la forme mais elle sait que j'aime ça, oui. Nouveau, ça veut dire observer les besoins, les noter, les communiquer à l'agence ; nouveau, ça veut dire détailler le service, ses capacités, ses limites, en déduire les qualités de l'intérimaire qui va venir après moi ; nouveau, ça veut aussi dire un meilleur salaire horaire, pour le stress induit.

Drapeau français, façade récemment refaite par un artiste engagé et contemporain ayant décidé de coller un grillage argenté dessus, sorte de canisse design recouvrant un immeuble haussmannien. Grandes baies recouvertes de photos sur les dernières réalisations du ministère. Ambiance « la France dépense pour son prestige ».

Je présente mon passeport au type de l'accueil, qui me désigne mollement un ascenseur en bâillant sans me cacher son spleen. Dernier étage. Couloir immense, silencieux. Des portes grises, des hublots. Quelques cadres, des photos, beaucoup de peintures modernes. Des fauteuils clubs, çà et là.

Une femme s'approche de moi, en courant presque :

– Tu es l'intérimaire, tu es l'intérimaire ?

– Oui, bonjour !

– Vite, vite, on va t'expliquer, dépêche-toi, notre bus va partir !

– Euh, attendez, je suis en retard ? On m'avait dit de venir pour 9 heures, il est à peine 8 h 30, là.

– Non, tu as bien fait de venir plus tôt, nous, on s'en va à Roland-Garros pour la journée. On va t'expliquer mais dépêche-toi, le bus qui nous emmène va partir.

– OK.

– Alors, là, c'est la clé du vestiaire *(elle me tend une clé ressemblant à n'importe quelle clé)*, à ne pas confondre avec celle de l'armoire à pharmacie *(elle me tend une deuxième clé en tout point pareille à la première)*, qui te sert pour les médicaments. Voici la clé du placard où se trouvent les dossiers *(troisième clé, jumelle des deux autres)* et celle-ci, qui est très importante, te permet d'accéder au chariot d'urgence, si tu as une urgence *(quatrième clé, clone parfait des trois premières)*.

– Euh... Mais comment faites-vous pour les différencier ?

– L'habitude, l'habitude, tu verras, tu t'y feras !

– Je ne suis là que pour la journée, vous savez.

– Bien, bien, bien. Alors, ici, dans ce classeur, tu notes tous les passages, sauf ceux des intérimaires, que tu noteras en rouge dans ce cahier *(elle me donne un petit cahier d'écolier)*, sauf si ce sont des intérimaires en mission de moins d'un mois, dans ce cas-là, tu prends une feuille volante que tu signes en y mettant le tampon de l'infirmerie qui se trouve dans ce tiroir, ah, il est fermé à clé, mais la clé se trouve dans la première armoire en entrant à gauche dans le bureau du médecin. Qui est aussi fermé à clé. Ah, zut. Euh...

Elle cherche un instant puis appelle, affolée :

– Raymonde ! Raymoooonde !

Une énorme femme arrive, essoufflée, d'un lointain vestiaire :

– Oui ?

– C'est l'intérimaire. Comment fait-on pour lui ouvrir le bureau du médecin ?

– Euh... Ben... Il n'a qu'à appeler la sécurité, ils ont le passe.

– D'accord ! Alors, vous appellerez la sécurité.

– C'est quel numéro ?

– Tous les numéros sont dans l'annuaire interne, sur le PC.

– Il y a un mot de passe à l'ouverture du PC ?

– Ah, zut, oui.

– Vous me donnez le mot de passe ?

– Non, ça, je ne peux pas, ils sont personnalisés, je ne peux pas vous donner le mien, après ça va faire des histoires si vous allez regarder sur Internet.

– Regarder quoi ?

– Vos mails ou des sites interdits...

– Pardon ? Attendez, je sais me tenir, tout de même, non !

– Raymoooooonde ! Raymoooonde !

Raymonde, qui se mettait un peu de rouge à lèvres devant la glace du couloir, revient vers nous :

– Quoi ?

– Il a besoin d'un mot de passe pour l'annuaire Internet.

– Ah. Eh oui ! Eh bien il s'en passera.

– D'accord. On va vous laisser, hein, le bus... vous comprenez...

– Une seconde, je mange où à midi ?

– À la cantine, au sous-sol.

– D'accord. J'ai besoin d'un badge ?

– Oui. Ah. Flûte. On n'a pas pensé au badge. Euh... Écoutez, vous n'avez qu'à jeûner ce midi, on va dire *(rire amusé)* !

Je sens monter en moi une colère homérique puissance douze que j'arrive encore à contenir pendant une phrase ou deux :

– Pardon ? Je ne mange pas ce midi ?
– Oui, écoutez, on a un bus à prendre, on n'a pas pensé à vous faire un badge pour manger, ça arrive, vous n'avez qu'à boire un peu d'eau à la fontaine, il reste quelques biscuits de la Mère Poulard dans la salle de repos, vous n'allez pas vous formaliser pour si peu...
– Je pense que je vais plutôt aller dehors m'acheter un sandwich, dans ce cas.
– C'est-à-dire... c'est-à-dire que vous n'avez pas le droit de sortir entre midi et deux, comme vous êtes le seul membre du service médical, vous devez rester de garde, voilà. Allons, un grand gaillard comme vous, vous allez bien tenir le choc ! Nous devons partir, hein, allez, le bus... Les filles ! Les filles !
– Je me casse.
– Qu'est-ce que vous dites ?
– Je me casse, j'ai dit. Je pense que vous me prenez pour un idiot.
Elle ouvre grand la bouche mais ne dit rien.
– Je pense que si, vous, vous arriviez pour une mission d'intérim où rien n'est prêt, rien n'est organisé, rien n'est prévu pour vous faciliter la tâche alors que plus de deux mille personnes sont susceptibles d'avoir besoin de vous dans la journée, que rien n'est écrit nulle part alors qu'il peut arriver n'importe quoi, je pense que vous feriez pareil que moi : je-me-casse. Pour ma sécurité, pour mon bien-être.
– Mais nous allons à Roland-Garros ! Vous ne pouvez pas nous faire ça !

– Eh bien je vous souhaite une excellente journée tennis, mesdames, il fallait penser à tout ça avant. Je fais valoir mon « droit de retrait », ou appelez ça comme vous voulez, je ne mettrai pas mon diplôme en jeu pour une clé à la con dans un placard à la con caché dans une pièce à la con dont je n'ai pas la clé. Point. Si un type clamse par votre faute, ce ne sera pas MA responsabilité qui sera engagée. Bonne journée.

En partant vers l'ascenseur, j'entends une discussion explosive qui démarre entre les trois dindes. L'une reproche à l'autre de n'avoir rien anticipé et la troisième insulte littéralement ses deux collègues en soulignant que j'ai entièrement raison de m'en aller.

Devant l'ascenseur qui s'éternise, j'ai le temps d'entendre arriver au trot un pas plus viril, celui du médecin-chef qui écoutait la conversation, planqué dans la tisanerie :

– Monsieur, monsieur !

– Oui ? Bonjour... et au revoir !

– Je suis le médecin. J'ai entendu des bribes du... euh... souci du jour. Vous avez l'intention de partir, c'est ça ?

– Oui. Devant un tel chantier, je vous avoue, oui.

– Écoutez, voilà ce que je vous propose. Je reconnais, nous n'avons absolument pas réfléchi à la façon dont nous voulions que le service tourne sans nous, c'est une première, aussi, il faut avouer... Laissez-moi vous proposer ceci : vous restez et j'avertis la sécurité que toutes les lignes du service médical sont basculées sur eux, d'accord ?

– Et ?

– Et ils appelleront le SAMU en cas de besoin, directement, car le service médical reste ouvert mais sera indisponible pour la journée. Ouvert car vous êtes dedans, mais fermé aux soins car vous n'avez pas accès aux armoires. Ainsi, vous ne serez pas dérangé.

– Mais ? Pourquoi vous voulez que je reste si le service médical ne répond pas au besoin des gens de l'immeuble ?

– Ah, c'est une question de budget. Pour une fois qu'on nous accorde un intérimaire, si nous vous renvoyons, nous ne dépensons pas le budget alloué. Et l'année prochaine, nous ne l'aurons plus... Ce qui nous empêchera de faire appel à quelqu'un à nouveau. C'est important pour la cohésion de l'équipe que nous soyons tous ensemble dans la loge, aujourd'hui.

– D'accord. Donc je reste mais je ne fais rien. J'ai bien compris ?

– Voilà. Ça vous va ?

– C'est ubuesque mais d'accord.

– Tenez !

Il ouvre son portefeuille et me tend vingt euros.

– Vous vous commanderez une pizza ce midi avec ça, d'accord ?

– D'accord.

– Et surtout, ne répondez pas au téléphone et n'ouvrez pas la porte si on frappe !

– C'est compris.

– Vous préviendrez la sécurité en partant. Laissez-nous un Post-it s'il y a eu le moindre souci, OK ?

– OK.

– Et vous vous marquerez une heure de plus sur votre feuille, on s'arrange entre nous, d'accord ?

Je n'ai pas marqué une heure de plus sur ma feuille. Je peste suffisamment contre les impôts que je paye, pour une fois que j'ai l'occasion de les alléger un peu !

28.

Femmes, je vous aime

Un truc qui me gêne énormément, dans mon boulot, c'est le regard sexiste des patients posé sur nous, les soignants. Un regard qui nous renvoie dans les cordes que nous sommes, malgré tout, des hommes et des femmes et non des professionnels de santé.

Si je rentre dans une chambre en même temps qu'une femme médecin, vous pouvez être sûr que le patient pensera que je suis l'autorité, la connaissance, le savoir. Il écoutera d'une oreille distraite la femme qui s'adresse à lui en me jetant de fréquents coups d'œil un peu inquiets pour savoir quand je vais enfin daigner intervenir. S'il interrompt la femme médecin pour poser une question, c'est vers moi qu'il se tourne et c'est en me regardant droit dans les yeux qu'il fait sa demande. Généralement, je montre de l'index qu'il y a erreur sur la personne et, si le patient ne comprend pas, j'ajoute un coup de menton vers la doctoresse qui, selon son amabilité, prend avec plus ou moins de philosophie cette misogynie qui cache mal son nom.

Un jour, faisant face à un avocat très chiant qui savait mieux que tout le monde comment soigner sa cancéreuse prostate, j'entendis cette réflexion :

– Bon, bon, madame, très bien, je vous ai comprise, mais qu'en pense le docteur ?

Silence consterné dans la chambre. Je prends la parole, fermement :

– C'est elle, le docteur, monsieur. Je ne suis que l'infirmier.

– Et alors ? Vous avez bien une opinion ?

– Non. Votre demande dépasse mon cadre de compétences, je suis désolé.

Je souris au médecin en haussant les épaules, m'excusant presque. Mais le type ne veut rien savoir et en remet une couche :

– En tant qu'infirmier, vous ne savez pas, d'accord, mais en tant qu'homme ? En tant qu'homme, vous avez bien une idée ?

La doctoresse commence à s'échauffer :

– Monsieur Percifal, je viens de vous énoncer les choix thérapeutiques qui s'offraient à vous et...

– Et je préfère entendre un homme là-dessus ! Vous êtes charmante, toute mignonne, ma jolie, mais il y a des choses qu'une femme ne saura jamais faire, croyez-moi.

Elle avait failli le tuer dans son lit, à grands coups de classeur dans la prostate. Et elle m'avait fait la tête pendant des mois, comme si j'y pouvais quelque chose.

Depuis, en prévention, je me positionne à la « duc d'Édimbourg en visite royale avec Élisabeth », une méthode protocolaire que j'avais repérée dans un bouquin de ragots sur la couronne britannique : je reste toujours deux pas derrière la doctoresse, toujours. Je me tiens sur son côté droit. J'évite de regarder le patient et je tourne ostensiblement la tête vers la femme médecin quand elle parle.

Si le patient ne saisit pas les allusions, je tapote négligemment avec mon stylo sur mon badge, à l'endroit marqué « infirmier », et si, en dernier recours, le type dans le lit n'a toujours rien compris, je ponctue chacune de mes interventions par un « Docteur, vous souhaitez que... » bien marqué.

Généralement, ça suffit pour délivrer le message. La doctoresse est consciente de mes efforts, on papote de tout et de rien, elle m'adore, nous poursuivons la visite dans la bonne humeur. Elle a alors l'impression d'être aussi douée qu'un homme, cette conne, alors qu'elle serait mieux dans sa cuisine à repriser des chaussettes ou à s'occuper de ses gosses. Encore une qui a dû épouser une couille molle qui sait pas la tenir à sa place, je me dis toujours.

29.

Un, maman a tort / Deux, l'infirmier pleure

J'ai un container de la taille d'un petit téléviseur à mes pieds. Dedans, six cents aiguilles ou seringues usagées, fruit de mon travail dans mon box de piqueur à la chaîne.

Car je suis un ouvrier de la santé pour une semaine, oui madame, j'enquille les prises de sang et les vaccins, je suis minuté, ça se bouscule, tout le monde est à jeun, tout le monde est pressé, tout le monde travaille, tout le monde n'a pas le temps, tout le monde veut avoir fini avant d'avoir commencé, du moins avant d'être entré dans le bureau.

Parce que, une fois dedans, on raconte sa vie et on fait bien patienter les copains qui attendent dehors. C'est la vie.

Le mouflet de cinq ans venu avec sa mère ne comprend pas pourquoi je lui demande de rester tranquille pendant que je prépare mon matériel. Sa mère est au téléphone, son portable dans la main droite, avec le poing gauche serré et le bras offert. Elle dit je ne sais quoi à je ne sais qui, tout est super vital, tout est à faire en même temps pour elle aussi dans sa vie à elle. Elle me fait signe de piquer, du menton, en hochant vite fait deux fois.

Je prépare le matériel, le gamin se rapproche du container, je lui ordonne calmement :

– Tu restes sur ta chaise, petit !

Il me regarde et fait demi-tour. Je m'approche de sa mère qui est concentrée à mort sur tout sauf sur nous, et le gamin fait deux pas.

– Ooooooooh ! Tu restes sur ta chaise, je t'ai dit, mon gars !

Le gamin hésite. Puis suspend son pas. Je m'apprête à poser ma seringue mais la mère me fait signe :

– *Yala, yala*, allez, je dois être à Roissy dans une heure !

– OK, madame.

Je pique, le sang arrive, j'enchaîne les tubes, elle continue de parler, je me penche pour attraper un sparadrap et, en tournant la tête, je me rends compte que le petit merdeux est passé sous le bureau pour que je ne le voie pas... et qu'il est penché sur mon container jaune si « attrayant » rempli d'aiguilles sales, la main à une dizaine de centimètres des déchets les plus dangereux de la pièce. Je bondis.

– Mais MERDALAFIN, tu vas m'écouter ?! Je t'ai dit

quinze fois que je ne VOULAIS pas de toi dans cette zone !!

La mère raccroche d'un coup sec et m'interpelle :

– Oh, vous ! Vous parlez pas à mon fils comme ça ! C'est votre boulot de voir qu'il lui arrive rien dans votre bureau et vous ne lui parlez pas comme ça, et s'il se blesse je peux vous dire que vous allez entendre parler de moi parce que c'est inadmissible de toucher à un enfant !

J'ai hésité une seconde à lui claquer une bonne grosse baffe dans son beignet surmaquillé. Pas une petite, non, une bonne grosse baffe bien centrée, bien balancée, bien semeuse de plein d'emmerdements pas volés que j'aurais payés divinement cher.

Mais non, j'ai juste soulevé le gamin d'un geste, sous les épaules, je l'ai collé sur les genoux de sa mère, dont le téléphone sonnait à nouveau. Et pendant qu'elle décrochait, sous le panneau « Éteignez vos portables/Matériel médical », j'ai rempli le bon pour la Sécu, la facture et je les lui ai tendus. Sans un mot.

Elle s'est levée.

– Trop aimables ici, qu'ils sont, les gens, hein ! On va vous faire de la pub, monsieur !

– ...

– Eh ben, vous avez eu une sacrée éducation, monsieur, je ne voudrais pas être votre mère !

– ...

– On s'en va, mon grand, on s'en va, viens Sylvestre, on va laisser le monsieur seul avec sa mauvaise politesse des gens sans la manière.

J'ai mis trois chewing-gums d'un coup dans ma bouche et j'ai mastiqué comme si ma vie en dépendait en attendant le patient suivant. Trois minutes pour se détendre et faire comme si de rien n'était, pour ne pas reporter tout mon stress sur un innocent, c'est parfois dur. J'espère qu'elle aura un bleu gigantesque, demain, sur le bras. Si j'avais su, je ne me serais pas appliqué.

30.

La lubie de l'infirmier

Le type est tellement sale que j'y pense deux jours avant d'y aller à chaque fois. Ce n'est plus sale, c'est dégoûtant, ce n'est plus écœurant, c'est vomitif. Au-delà, on tombe dans la déchetterie et encore, je connais des poubelles si propres qu'on pourrait y faire des opérations à cœur ouvert comparées à son appart ignoble.

Il ouvre la porte. Il se gratte. Il a des croûtes un peu partout, sur les mains, les avant-bras, le torse, le cou, le visage. Il est en slip. Sale. Je vois du sang séché sur son ventre, près de ses tétons, un peu partout là où les croûtes ont sauté.

Une odeur fétide emplit le couloir. Je vois trois sacs-poubelle noirs de cent litres entreposés contre le mur, derrière lui.

Il me tend une main pleine de sang séché, les ongles noirs et longs, sûrement poisseuse. Je fais « non » de la tête. Il ne comprend pas et me retend la main. Je sors la première excuse qui me passe devant les yeux :

– Désolé, j'ai une tendinite.

– Ah, je vous tends l'autre, alors !

Et il le fait. Calmement, je respire et j'articule :

– Non, je ne vous serre pas la main aujourd'hui, ni celle-là ni l'autre. Je suis désolé mais elles ne sont pas très propres. Je ne veux pas toucher votre sang.

– Ce n'est pas ma faute si j'ai des croûtes, quand même ! Elles tombent toutes seules ! Je les gratte et elles tombent !

– Vous pourriez vous laver les mains avant de vouloir me saluer...

– Me laver les mains ? Me laver les mains ?

Il éclate de rire, un rire franc et massif, comme s'il venait d'entendre la meilleure blague de Toto de sa vie.

– Me laver les mains ! Avant de vous dire bonjour ! Vous avez de ces manières, pour qui vous vous prenez ?! Me laver les mains ! Elle est excellente, celle-là !!

Il a eu le fou rire pendant tout le soin.

31.

Comme un oiseau sans ailes

Hier, journée cauchemardesque.

Tout part mal et tout finit mal, vous connaissez ces matins-là où vous faites tomber le fer sur votre pied, où il ne reste plus de lait (qui a oublié de l'acheter ? moi), où vous mettez dix minutes à repasser une foutue chemise que vous enfilez vite fait en cassant le bouton d'en haut, oh, rien de grave, mais vous n'avez pas le temps de faire de la couture alors vous en prenez une autre mais elle est moche, puis une troisième qui est trop légère pour un jour frisquet. Et vous finissez par repasser celle de la veille qui pue pas vraiment mais que vous savez sale dans votre tête.

On tourne dans une ville moderne du 91 à la recherche de la médecine du travail et on ne la trouve pas car elle a été construite dans une agora à la noix par un architecte des seventies qui pensait Jean Nouvel et qui concrétisait cube de béton option déprime.

On finit par suivre une voiture qui descend dans un parking en sous-sol dont le nom est couvert par du lierre et qu'on découvre privé, avec stupéfaction. On sort quand même vérifier à l'entrée que le lieu est bien réservé aux résidents et on se retrouve dans la rue, porte qui claque, voiture à l'intérieur, portable dans boîte à gants, larmes qui coulent pour la première fois de la journée.

Grosse fatigue.

L'infirmier se surprend à supplier une passante qui voulait entrer dans son parking privé à elle qu'elle paye et qui lui claque la porte au nez. Une deuxième dame, peut-être plus sensible aux hommes en larmes, vient à la rescousse et propose même de le mener à sa voiture. Entre deux sanglots, il arrive à retrouver son véhicule, qu'il démarre un peu vite. La BM du type qui arrivait derrière n'apprécie pas.

Sortie de parking, attente d'une voiture qui ne vient pas, passage finalement en se collant au cul d'une pas très regardante.

Autre parking, autre place.

Médecine du travail, femme médecin odieuse, hautaine, méprisante. Je glisse :

– Je suis épuisé par la voiture, j'ai mal au dos, un début de sciatique, je crois.

– Oui, oui, comme tout le monde à Paris.

– Mais, moi, c'est accentué par les bouchons sur le périph le soir.

– Comme tout le monde, arrêtez de vous plaindre,

nous en sommes tous là. Moi, d'ailleurs, je vais voir l'ostéo. J'ai mal depuis...

– MAIS JE VOUS PARLE DE MOI, DE MA DOULEUR, QU'EST-CE QUE J'EN AI À FAIRE DE VOUS ? VOUS ÊTES LÀ POUR ME SOIGNER, NON ? VOUS ÊTES PRO OU PAS ? C'EST QUOI CE SOIGNANT QUI PARLE DE LUI AU LIEU D'ÉCOUTER SES PATIENTS ?

Nouvelle crise de larmes. Fatigue. Médecin à l'écoute. Spasmes. J'abrège.

Je reviens sur Paris, bouchon, ralentissement, portable qui sonne, qui sonne, ambiance. Je gare la voiture, je monte à l'appart, je me sers un verre de Coca, il tombe, du verre par terre, le portable qui sonne, qui sonne, ambiance. Je décroche, j'écoute, je blêmis.

J'ai oublié deux patients.

Je téléphone, j'explique, je m'excuse. On me traite de tout, j'accepte, je reconnais, j'assume.

Je raccroche.

Début de larmes.

Épuisement.

Plus de Nespresso, envie d'un café, mais pas d'un truc lyophilisé, Nespresso, *what else* ? Tellement vrai.

Repas avalé vite fait, chemise repassée de nouveau, la moche à carreaux, tant pis, métro direction là-haut. Poste à pourvoir, DRH aux abonnés absents, on m'a oublié mais on me prend quand même, par-dessus la jambe, vite fait.

Je croise Christine O. dans l'ascenseur puis Yves C., un instant après. Ils sont gentils. C'est visiblement leur lieu de travail. Ce pourrait être le mien.

La nana ne m'écoute pas, elle me parle d'un poste administratif et d'écoute, si j'ai envie d'écouter ; elle est moqueuse, un peu hautaine, je l'envoie chier à un moment, elle apprécie et se reprend, incroyable.

Elle me demande le salaire, je lui dis que je touche tant d'euros en ce moment, elle me répond :

– Vous rêvez, jamais vous n'aurez ça, jamais !

Je demande combien, elle me sort un chiffre.

Le même que celui indiqué sur ma première paye à l'hosto, en décembre 1998. Je dis :

– Non mais vous plaisantez ?

Elle me répond :

– Mais pour ce qu'il y a à faire ici, on ne va pas vous payer plus.

J'explose une seconde fois :

– Vous n'avez aucune qualification pour me parler ainsi, vous n'avez pas la moindre idée de mon métier, vous êtes très méprisante sur ce qui constitue mon quotidien, je ne pense pas que vous soyez légitime dans cet entretien d'embauche.

À ma surprise, elle acquiesce, cette idiote, et me souffle que la DRH aurait dû mener l'entretien.

On évoque le cadre de travail, je négocie un bureau fermé (confidentialité des soins) auquel elle n'avait même pas pensé, je négocie du matériel (qui n'existe pas dans l'infirmerie, il n'y a rien).

Elle me demande si elle aura le droit de donner encore les médicaments, « ça l'amuse ». Je lui réponds froidement que ça m'amuserait de piloter un Boeing mais qu'heureusement il y a des gens qualifiés pour ça.

Elle me dit qu'elle adore jouer à l'infirmière. Je hausse les sourcils, je ne dis rien. Je me demande si elle joue à la cruche, même pas, non. Grave.

Grave, grave, grave.

Elle me dit qu'elle me rappelle dans quinze jours. Je salue, je me retire, je m'appuie contre un mur, dans la rue, et je serre les poings de rage. Perte de temps, perte de temps, perte de temps.

Manque de respect, manque d'amour-propre, j'aurais dû me lever et me casser, tout le monde se fout de nous, on nous paye au lance-pierre en nous collant des responsabilités croissantes, personne ne veut faire ce métier et je sais trop bien pourquoi.

Aujourd'hui, je ne veux plus faire ce que je sais faire et que personne ne veut payer à sa juste valeur.

Je pense à ces producteurs de fruits qui brûlent leur récolte achetée au-dessous du prix du marché. Qui craquent. Qui hurlent.

Je ne sais plus.

On verra demain.

Demain est un autre jour, mais, en ce qui me concerne, demain est une autre putain de journée. Ouais.

Le buraliste en bas de chez moi cherche quelqu'un pour tenir la caisse, références exigées. Je n'en ai aucune.

Mais j'ose le dire, je n'en peux plus.

Je vais lui demander demain s'il veut de moi.

32.

Le panse ment

Pays Basque, village reculé, l'électricité arrive par miracle et les gens semblent sortir des *Enfants du maïs*, de Stephen King. On a un peu peur. Des vaches passent en liberté devant la fenêtre de la minuscule mairie qui nous sert d'infirmerie pour la journée.

Nous faisons des bilans de santé sur site, à la demande, bilans qui se réalisent dans des conditions folklos, selon les moyens de la municipalité qui nous accueille. Salle des fêtes (clé à aller chercher chez le garde champêtre en arrivant sur le coup de 6 heures), salle du conseil municipal (sous les yeux de Giscard dont le portrait orne toujours le mur), cuisine de l'école municipale (odeur de graillon infâme) ou préau derrière l'église, on s'adapte tous les jours et à toutes les situations.

Après avoir installé tout le matos sur le bureau du maire (parti faire sa tournée de vétérinaire), je me rends compte que j'ai oublié de prendre du sparadrap.

Rien dans la voiture, rien dans ma mallette. Monica n'y a pas pensé non plus. La pharmacie la plus proche est à vingt kilomètres. Le premier paysan patiente déjà derrière la porte. Nous avons quarante bilans sanguins à effectuer dans la matinée et pas un seul centimètre de sparadrap pour faire tenir les cotons sur les points de ponction après les prélèvements. Ça craint. C'est une population de vieux, beaucoup sont sous anticoagulants, d'autres ne vont pas forcément appuyer avec le doigt comme il faut.

Je regarde le bureau du maire, le sous-main, la lampe, les tiroirs. J'ai trois minutes pour me décider. Dans le porte-crayons, un rouleau de Scotch 3M double face. C'est le seul truc qui colle à la ronde. J'interroge Monica du regard, elle pouffe de rire, je me dis : « Eh bien tant pis, hein, on ne va pas annuler une matinée de taf pour un misérable rouleau manquant ! »

Le premier paysan vient, prise de sang. À la fin, je sors mon rouleau de Scotch, je lui colle une boulette de coton, clash, un large morceau de double face et roule ma poule.

Le type évalue la situation et, d'un air suspicieux, m'interroge :

– C'est quoi ce pansement que vous me mettez, là ?

– Ah, çaaaaaa... C'est américain !

– Ah bon ?

Regard émerveillé du paysan, fou rire montant et

nerveux de Monica sur ma gauche auquel j'essaie de ne pas prêter attention.

– Oui, c'est américain et ça vient tout droit du Kansas, c'est tout nouveau, c'est hypoallergénique.

– On dirait vraiment du Scotch de bureau !

– Oui, c'est ça qui est génial, ça fait Scotch de bureau, mais c'est le but, car... euh... figurez-vous que le problème des infirmières du Kansas était que... euh... légalement elles n'avaient pas le droit d'utiliser de sparadrap blanc pour des raisons de droit.

– Ah ?

Le regard du type s'embrume, je le sens prêt à plonger dans une eau hostile et sans fond nommée mer de l'Embrouillagogo.

– Et c'est là que le génie humain se met en action qui permet à 3M de créer ce magnifique pansement adhésif garanti sans séquelle et translucide pour une meilleure, euh, vision de la plaie, permettant au soignant de, euh, visualiser le coton imbibé ou pas de sang. C'est génial !

– Complètement, tout à fait !

– Voilà !

Éclat de rire de Monica qui se lève brusquement en simulant une quinte de toux pendant que je souris gravement. Le Pr Rolin a toujours quelque chose à dire mais il sait aussi garder son sérieux quand le moment devient grave.

Le paysan me remercie, me serre vigoureusement la main puis s'en va en salle d'attente boire son café.

Bouche-à-oreille aidant, toute l'assemblée a bien évidemment voulu tester ce sparadrap magique. Nous croisions les doigts pour que notre responsable n'en sache rien, toute occupée à nous certifier ISO 9001 – elle eut mouru subitu d'un infarctu si elle avait su.

33.

Rapport non protégé

Elle est étendue sur le lit, le cul à l'air, trente bons points de suture de l'anus au coccyx. Je dois faire une douche à la Betadine et enlever quelques points. Je ne connais que son nom de famille, je viens juste faire le soin pour m'entraîner, en vrai je suis en stage dans le service d'à côté, mais l'infirmière m'a à la bonne depuis mon passage l'été d'avant.

Je la salue en entrant :

– Bonjour, madame Garlin !

– B... Bonjoureuh ! Mais ? Mais ??? Oh, mais tu es le fils Rejault, naaaaan ?

– Euh, oui.

– Oh malheur de malheur, qué misère, que j'ai honte que tu me voies comme ça, oh là je vais en mourir, *dioubiban* que c'est pas possible de me faire ça à moi !

– Euh, on se connaît ?

– Malheur de malheur que tu ne me reconnais

même pas, moi qui t'ai gardé après l'école, quand ta mère tardait à revenir et que ton père était en Autriche, pendant des années ! Madame Garlin, tu ne me remets pas ?

– Euh...

– MONIQUE GARLIN !

– Euh...

– J'avais les clapiers à lapins et tu jetais des pétards dedans, con de gosse !

– Aaaaaaaaaaaaaaaaaaaah ! Ah mais c'est vous ?

– Mais *boudiou* oui, c'est moi ! Et ne va pas dire à ton père que tu m'as vue comme ça, oh là là, quelle honte, je suis en train de mourir de honte, si on m'avait dit un jour que tu me verrais comme ça, je te jure que j'aurais prié la Vierge que ça n'arrive pas, té !

– Mais je vais rien dire à personne, c'est le secret médical ! J'y suis tenu ! J'ai pas le droit de dire !

– Tu parles ! On les connaît, les gens de la campagne, ils parlent de trop ! Ah, ça me souvient, té, cette histoire d'hôpital, que je me vois d'ici étant, être risée par tout le monde, oh là là, quelle honte !

Je crois qu'elle m'en parle ENCORE chaque fois (rare) que je la croise au marché, bah, disons cinq fois en dix ans. Elle avait même été trouver mon père pour lui raconter sa version de l'histoire et il n'avait bien sûr rien compris.

Elle est persuadée que tout le village est au courant à cause de moi pour ses trente points au cul, que voulez-vous que j'y fasse ? Je ne raconte jamais rien, moi. La preuve.

34.

Enseignement

Je suis tombé sur un malade, un vrai pour le coup, qui me promet de me péter la gueule vendredi :

– Ah, vous faites le malin au téléphone, comme tous ceux de votre boîte pourrie, vous nous exploitez, nous, les gens qui souffrent, et vous nous rabaissez. Vous aimez ça, hein ?!

– Monsieur Leider, vous avez continué à prendre vos pilules comme on avait dit la dernière fois ? Vous voyez toujours le psychiatre ?

– Qu'est-ce que ça peut vous faire ? Je vous connais, vous, les exploiteurs, les salauds, les méchants ! Je vous attends !

– Monsieur Leider, je vous rappelle que je dois venir vendredi matin, donc je vous le confirme, je viens vendredi, vers 10 heures, OK ?

– Si tu viens je te casse la gueule !

– À vendredi, monsieur Leider !

Je raccroche, totalement mal à l'aise. On est mardi, j'ai encore trois jours devant moi avant d'aller voir le patient. Je sais que c'est un grand délirant, qu'il se soigne comme il veut, quand il veut, qu'il passe rarement à l'acte, mais il suffit d'une fois. Le type mesure presque deux mètres, en plus, c'est une vraie armoire à glace... Non, vraiment, je n'en mène pas large.

Je supplie ma collègue Kathy de venir avec moi vendredi. Elle regarde son carnet, déplace une bonne femme, me promet qu'elle sera là. On se donnera rendez-vous sur la place, devant l'église, on ira à deux. J'angoisse un peu moins.

Mais j'angoisse tout de même.

Le mardi, en montant dans la voiture, je me fais déjà le film du drame à venir. Je me vois frapper à la porte, le type l'entrouvre, me saute dessus, m'insulte, je me débats et je pars en courant.

Mardi soir, pendant le film au ciné, je repense au type et je n'arrive plus à me concentrer sur l'action.

Mercredi, à midi, j'ai une angoisse sourde dans l'estomac, subitement, en pensant que le lendemain... le lendemain... Ouf, non, c'est après-demain. J'oublie le type pendant l'après-midi, puis à nouveau dans la voiture je me fais des films.

S'il me dit ça, je lui dis ça.

Et quand il dira ça, je lui répondrai ça.

Si jamais il fait ça, je me mettrai là et je lui dirai que... ou que...

Jeudi, c'est une horreur, je me prépare mentalement au pire toute la journée. Je n'arrive même pas à écouter de la musique dans la voiture, elle m'est insupportable. Je suis en colère, contre le boulot, contre mon patron, contre ce foutu patient, je trouve ça inadmissible, parfaitement, inadmissible, on n'a pas à me menacer, on n'a pas à me parler comme ça, maladie mentale ou pas, je refuse d'angoisser et de revivre des situations oubliées depuis l'enfance, quel comportement de sadique, de malade !

Je prends mon téléphone pour appeler le boss, il n'a qu'à y aller, lui, voilà, moi je veux invoquer le droit de retrait, le droit de ne pas se faire frapper sur la tronche, non, je n'irai pas, non !

Et puis je me dégonfle, je passe à autre chose à un moment donné, j'oublie d'appeler, la journée se passe et j'ai un rendez-vous le soir, je rigole un peu, je me détends et je me couche. Cauchemars toute la nuit. Le type me poursuit.

Je n'arrive rien à avaler le vendredi matin et je pars, nauséeux, la bouche lourde, la gueule en vrac dans la voiture. Je dois juste passer voir un autre monsieur avant, qui a un cancer des poumons, phase terminale, un mec que je connais un peu, j'ai des papiers à lui faire signer.

Je rentre dans sa chambre, je le vois, super amaigri, dans son lit. Il a une mine épuisée, les yeux bien enfoncés dans les orbites. On ne voit que ses veines sur ses mains, sur ses bras. Il est en bout de course, il le sait. Il me fait signe d'approcher d'un geste las.

Je lui tends la feuille. Il signe comme il peut et, dans un petit souffle, me demande :

– Ça n'a pas l'air d'aller, vous ?

– Non, c'est vrai.

– Qu'est-ce qui ne va pas, William ?

– Oh, pff, rien !

– Ah, je ne vous crois pas, dites-moi tout, allez, je ne vais pas en faire grand-chose, vous savez, je ne vois que ma femme et vous, aujourd'hui.

– Ben... Ben... C'est juste que je flippe... Le type après vous est un grand délirant qui ne se soigne pas et qui a menacé de m'en coller une tout à l'heure.

– Oui...

– Je flippe à mort depuis deux jours au moins et je me fais le film de ce qui va se passer, alors voilà, je flippe.

– Je ne comprends pas. Vous ne vous êtes jamais retrouvé avec un malade mental dans une pièce ?

– Si.

– Vous ne vous êtes pas déjà fait frapper par un malade mental ?

– Si, deux fois.

– Vous avez toutes les ressources pour apaiser les tensions, vous, il suffit que vous parliez pour que tout le monde vous écoute, vous êtes un conteur né, ça se voit ! Rappelez-vous la fois où vous nous avez parlé de vos débuts... quelle partie de rire ! Vous savez charmer les serpents, ne le niez pas.

– Oui... Oui, c'est vrai.

– Eh bien, alors ? Le soleil se couchera tout de même ce soir, vous savez.

La lumière m'inonde.

Cette phrase, je ne sais pas pourquoi, cette phrase apaise en un instant mes peurs, mes angoisses, mes films, mes doutes.

Je le regarde, calmement.

– Vous avez raison, vous avez totalement raison.

Je remonte dans la voiture.

Je n'attends pas Kathy, je me gare devant chez le type.

Je sonne. Je fais mon soin. Je finis. Je la retrouve qui m'attend, sur le parking devant l'église. Elle me montre la route.

– Ça y est ? On y va, chez ton type ?

– Non, c'est bon, c'est fait.

– Hein ? Tu y es allé tout seul ?

– Ouais.

– Ben alors ? Tu n'avais plus peur ? Tu voulais même démissionner, rien qu'en y pensant, à ce type !

– Le soleil se couchera tout de même ce soir, tu sais.

35.

De l'autre côté du miroir

J'entends ma collègue Marik parler de son psychanalyste un jour au café et je lui demande s'il est bien. Elle hoche la tête, m'explique qu'il est é-pa-tant. Bouel, il s'appelle. Je prends rendez-vous, je n'ai pas trop de délai d'attente, je ne sais pas si je dois trouver ça louche ou pas.

La maison est sur la route de la plage, il y a un petit parking à côté. Je me gare largement en avance mais je vais quand même sonner à la porte. Un panneau m'enjoint de m'asseoir en salle d'attente une fois mon arrivée annoncée.

Quelques minutes s'écoulent et je vois un jeune homme sortir, accompagné d'un quinqua, cheveux poivre et sel, peau mate, souriant. Le jeune homme glisse vers la sortie, le quinqua me tend la main.

– Vous êtes monsieur Rejault ?

– Oui.

– Par ici.

Deux fauteuils se faisant face. Un divan. Une fenêtre donnant sur le jardin. Trois tableaux figuratifs. Je m'assois dans un fauteuil. À l'aise.

– Monsieur Rejault, que puis-je faire pour vous ?

– Alors voilà. J'ai déménagé il y a quelques mois, j'ai quitté mon ex et j'ai tout laissé derrière moi, j'ai pris un nouvel appart, un nouveau job, une nouvelle voiture. Je me suis posé, j'ai pris du temps pour moi, j'ai aménagé mon chez-moi, mis des rideaux aux fenêtres et... je me suis senti bien. Pour la première fois de ma vie, je me sens bien. Je pèse le poids que je veux, j'aime bien aller travailler avec mes nouveaux collègues, j'ai fait le deuil de ma relation, je vais au sport, je crois que je me suis organisé une petite vie comme il faut. Je suis heureux, quoi.

– D'accord.

– Mais... euh... je ne sais pas trop comment vous l'exprimer, je me sens blanc. Vierge. Atone. Neutre. Je suis heureux, ça, oui, je ne viens pas vous voir en pleine crise, en dépression ni parce que je pleure tous les jours, non, je viens vous voir parce que j'ai besoin de faire le point et de poser mon bonheur sur des bases un peu plus fixes. Je crois avoir passé beaucoup de temps à régler des problèmes, et aujourd'hui j'ai besoin de savoir qui je suis, ce que je vaux, mes valeurs à moi. Je ne me connais pas. Je ne sais pas qui il y a à l'intérieur. Je vais bien mais je suis insipide, je me sens comme ça. J'ai besoin de me connaître. Mais sinon, tout va bien, hein.

Rire discret de l'analyste.

– Monsieur Rejault, parlez-moi un peu de vous...

– De moi ? Sur quel sujet ?

– Vous êtes marié ? Vous faites quoi dans la vie ? Ce que vous voulez...

– Je suis célibataire. Je suis infirmier.

– D'accord. Vous avez des frères, des sœurs ?

– Un frère.

– Qu'est-ce qu'il fait dans la vie ?

Silence.

Je tente d'articuler un mot.

Silence.

Je sens monter les larmes. Ne pas pleurer, ne pas pleurer, ne pas pleurer, putain non, ne pas pleurer, pas ici, pas maintenant, pas là-dessus, sur ce sujet, c'est débilissime, c'est de la vieille histoire, ne pas pleurer. Penser au futur. Regarder un cadre au mur.

– Il...

Larme qui glisse sur mon visage. Hoquet dans ma voix. Impossible de retenir le barrage qui se fissure de partout. Vrai déluge lacrymal annoncé dans trois, deux, une seconde, partez.

Je me transforme en fontaine des Innocents. Je ne vois plus rien. J'accepte le mouchoir tendu au bout de quelques secondes. Me mouche bruyamment. Repleure encore quelques instants. Tente de me reprendre :

– Excusez-moi, je suis désolé.

– Il n'y a pas de problème. Reprenez quand vous le souhaitez.

– Je suis très gêné, je n'aurais jamais cru que ça partirait comme ça.

– Sur votre frère ?

– Oui. Je pensais que j'avais digéré l'histoire.

– Voulez-vous m'en parler ?

– Oh ! C'est long. C'est compliqué.

– Il a quel âge ?

– Deux ans de moins que moi.

– Il travaille ?

– Par intermittence, oui. Il est saisonnier.

– Quel est son problème ?

– En fait, mon frère a toujours été différent, toujours. Je me souviens de lui, petit, ma mère l'amenait pendant des heures, le mercredi, au CPPN, un endroit avec des psychologues, des feutres, des pages blanches à colorier. Les murs étaient dessinés par tous les enfants qui passaient là. Sa scolarité était chaotique mais c'était encore la faute de l'instit, qui n'aimait pas ma mère et projetait sur mon frère, soi-disant. On le changeait d'école et ça allait un peu mieux, pour un temps. La nouvelle instit prenait le temps de lui expliquer, il comprenait et arrivait à faire ses devoirs, du moins jusqu'à la nouvelle difficulté du mois d'après. Et puis il pissait au lit, même super tard, il pissait encore au lit toutes les nuits. Et il avait de l'asthme, aussi, et des problèmes respiratoires. Toujours enrhumé. Et puis il n'était pas comme moi, il disait oui à tout, tout le temps, il ne me refusait jamais rien, je pouvais en faire ce que je voulais, c'était ma chose, mon esclave, mais pas mon ami, je n'ai jamais voulu de mon frère pour ami, je ne sais pas pourquoi, une sorte de sixième sens, je m'amusais avec les autres enfants, je m'amusais beaucoup seul aussi, je ne voulais pas jouer avec lui, je n'aimais pas ça.

Il était pourtant intelligent, il comprenait tout, il avait de l'humour, même, il était adorable avec moi et acceptait toujours tout, mais je ne voulais pas jouer avec lui. On achetait les jeux vidéo que je voulais, on achetait les bédés que je voulais, on regardait les programmes que je voulais. Mais bon, j'étais seul, la plupart du temps. Le mercredi après-midi, il était au CPPN. Le samedi après-midi, j'allais passer la journée chez ma tante, pour ne pas être avec lui. On a subi les mêmes hurlements parentaux pour les maths, lui et moi, on détestait les maths, et ça, un père polytechnicien, il ne comprend pas, ça lui passe au-dessus. Il supportait pas l'idée qu'on n'aime pas les maths et qu'on ne fasse rien pour améliorer notre nullité. On a subi, mon frère et moi, des heures d'exercices supplémentaires. Genre, si le prof donnait trois exercices à faire, mon père en ajoutait deux, pour notre plaisir, il disait, comme si nous allions nous amuser à déjouer le mécanisme de l'énoncé. N'importe quoi. J'ai haï les maths. Les règles de trois rentraient à coups de pied dans le dos comme les conjugaisons des verbes du premier groupe étaient entrées avec les baffes dans la gueule et les poignées de cheveux arrachées.

Il y a des méthodes d'enseignement qui marchent, remarquez, je me souviens de mes conjugaisons parfaitement, la plupart du temps.

Mon frère a commencé à merder à la fin du collège. On ne pouvait plus cacher la misère de ses bulletins, les crises de hurlantes devenaient quotidiennes à la maison, son avenir s'assombrissait, ils allaient devoir le mettre dans un collège technique, la honte. Un LEP. Personne ne devait savoir. Mon père ne voulait pas entendre parler d'un métier manuel, il ne voulait pas que son fils soit en bleu de travail et, comme il avait quelques accointances avec des mecs du village qui faisaient le traitement des eaux, en voiture banalisée et habits de ville, il s'est dit que, avec un ami ou deux dans la politique locale et un fils diplômé de justesse il en ferait un employé communal sans histoire.

Je ne peux détacher l'entorse de sa tentative de suicide, les deux images sont liées. Il a voulu mourir après avoir reçu une lettre d'une fille ou je ne sais pas quoi, personne n'a jamais très bien compris. Étaient-ce les élèves avec qui ça se passait mal, les notes qui dégringolaient ? Je ne sais pas.

On l'a trouvé sur le canapé du salon, la tête en arrière, dans une mare de vomi. Il avait ingéré des médicaments, plein, avalé du whisky et du gin et il s'était endormi. La plupart des suicidés en restent là, on ne meurt pas en avalant des cachets et de l'alcool, quelle connerie, mais lui, presque, on était passé à ça du drame, il avait vomi la tête en arrière et avait ingéré son vomi. Il s'étouffait. Il allait mourir.

J'aurais préféré...

Ç'aurait été plus simple, pour la suite. Je crois que

j'aurais eu dans la tête l'image d'un frère mort, jeune, en pleine forme, un peu différent des autres mais tellement idéalisé avec le poids du deuil et des souvenirs sélectifs, je me serais forgé une image fraternelle belle, intouchable, un mythe familial, presque. En échange de quoi je me retrouve aujourd'hui avec un frère symboliquement mort mais, hélas, que symboliquement.

– Et l'entorse ?

– Ah, l'entorse, oui.

En revenant de l'hôpital, mon père avait failli me frapper, sur le parking, il était en colère, une rage de taré, il avait eu besoin d'un exutoire à sa peur d'avoir failli perdre son fils alors il m'avait balancé des horreurs :

– C'est ta faute ce qui vient d'arriver, tout est ta faute, si tu n'étais pas malsain, il n'aurait jamais fait ça, toi et ta sexualité nauséabonde, tout est ta faute ! Ton frère, il t'aime, et te voir comme ça *(il fait le geste de l'homosexuel qui remue le poignet cassé)*, ça l'a rendu malade, oui, malade, c'est à cause de toi que ton frère est comme il est ! Il aurait mieux valu que ce soit toi qui crèves, on aurait été débarrassés !

J'avais adoré sa tirade, bien sûr. J'avais trouvé ça tellement, euh... injuste, énorme, j'avais trouvé ça tellement ignoble, aucun autre adulte de la famille autour pour l'arrêter, comme s'ils étaient d'accord avec ça, toute cette merde qui dégoulinait de ses phrases, toute cette haine refoulée qui sortait de lui.

J'étais sidéré, je commençais à gueuler plus fort que lui et, clac, je me suis tordu la cheville en descendant d'un trottoir, mauvaise réception, douleur fulgurante, éclair devant les yeux, sueur froide, évanouissement limite, me suis tenu à une voiture tellement j'allais presque partir. Entorse. Énorme.

– Arrête ton chiqué, va, on a des problèmes plus importants que toi à gérer, sois un homme pour une fois... Pédale !

Le trajet en voiture avait été glacial. Chaque fois que je me tords la cheville depuis, je pense à ce jour, au parking, à mon frère et aux horreurs que mon père avait balancées. Mon pied gauche est toujours resté instable.

Le psy note tout, sur sa grande feuille blanche. Il me demande si je veux continuer.

– Oh oui, tant qu'on y est, ce sera fait, après ! Alors, la séquence d'après, c'est deux ans plus tard, je crois, ou trois.

La hurlante du père sur le parking a fait son effet, je me suis éloigné, je suis parti habiter à trois cents kilomètres, loin. J'appelle peu, je ne les vois plus ou presque plus. J'ai trouvé un copain avec qui ça va plutôt bien, on parle d'habiter ensemble. Ce n'est pas l'amour fou mais ça me va. Je fais beaucoup d'intérim à l'époque, je gagne ma vie correctement. Un soir de septembre, ma mère m'appelle :

– Viens passer le week-end à la maison, s'il te plaît,

ton frère ne nous écoute plus, il fait sa crise d'adolescence à retardement, ça devient infernal, il ne travaille pas correctement à la plonge, les assiettes sont mal lavées, son patron se plaint, ton frère refuse d'écouter qui que ce soit, on s'est dit que si tu venais tu arriverais peut-être à le faire revenir à la raison.

Je cède.

Le week-end qui a changé ma vie.

J'arrive pour trouver une maison sens dessus dessous. Ma mère a les yeux rougis, mon père est à bout, la chambre de mon frère est une tanière d'ours qui ne voit jamais la lumière et qui pue. Je trouve sa porte défoncée : c'est une porte en bois léger et un coup violent a été donné dessus ; il y a un trou dans la tapisserie. Je pose la question, ma mère élude :

– Oh, il s'est énervé...

Ce qui me choque, c'est que le trou y est toujours, même maintenant. Personne n'a jamais voulu réparer ça. Bref. Mon frère m'accueille froidement, on se fait la bise, je le trouve énorme, il a pris beaucoup de poids, beaucoup. Il sent le tabac, je ne le savais pas fumeur. Il est nerveux. Il pisse tout le temps, le jour, la nuit, c'est une boule de nerfs. Il ouvre les portes, inspecte les placards en quête de nourriture, les referme. Nuit et jour. Il se goinfre.

Le premier repas est homérique. On se hurle tous dessus pour comprendre ce qui se passe. On m'a fait venir pour que je le secoue et dès que j'ouvre la bouche, les vieux reproches paternels reprennent le dessus. Il défend mon frère contre moi. Il me coupe la parole et compare sa situation à la mienne. J'essaie de parler à mon frère, je lui dis qu'il doit se reprendre, penser à l'avenir, au boulot, à nous, qu'il fait un truc pas facile, la plonge dans un restau, tu penses, mais que c'est le seul truc qu'il pourra faire rapport à ses études qu'il n'a jamais finies.

Mon père me coupe la parole :

– Oh ! Tu peux donner des leçons, toi qui torches des culs pour un salaire de merde !

Ma mère intervient :

– Mais François, laisse-le parler, enfin, il a un métier, lui aussi, il sait de quoi il parle !

– Un métier ? Torcher la merde des autres, un métier ?

Mon frère nie tout en bloc. C'est la faute du patron, c'est la faute de ses collègues, c'est la faute du lave-vaisselle ou du produit cheap qu'on lui a refilé. Son boulot est impeccable, il ne se remet pas en question. Je hurle devant sa mauvaise foi qui ne vacille pas face à ma logique et je décide de laisser tomber, en fin de repas.

On part faire un tour en voiture tous les deux, après le café, et je le laisse conduire. Il a du mal à démarrer, du mal à passer les vitesses. Il roule à deux à l'heure, ne veut pas doubler les camions. Il sue à grosses gouttes, freine devant des priorités ou grille un stop. Je pète un câble.

La pluie se met à tomber. Il se range sur le côté, s'arrête et cherche le bouton des essuie-glaces pendant une longue minute. Il l'a devant le nez mais il ne voit rien.

Je n'en reviens pas. Je m'agace. Lui montre. Il hausse les épaules.

La lumière.

D'un coup.

D'un coup.

D'un putain de coup.

La lumière.

Ce n'est pas une crise d'adolescence.

Il a passé la vingtaine.

Ce n'est pas une crise d'adolescence.

Ne pas vouloir comprendre, ne pas vouloir comprendre, ne pas vouloir savoir, ne pas vouloir savoir, ne pas faire les liens, ne pas faire les liens, je ne veux pas avoir compris. JE NE VEUX PAS AVOIR COMPRIS.

Je le regarde.

Je vois ses yeux vagues. Ses joues bouffies. Sa bouche mi-ouverte. Ses tremblements.

Je revois tout.

Tout.

Petite enfance.

Enfance.

Adolescence.

Il est devant le miroir du couloir, pendant des heures, il se regarde et se touche le nez. Sans fin.

Il est dans la cuisine et rigole seul. Pour un rien.

Il ouvre des tiroirs et les laisse ouverts.

Il n'aime pas la lecture, pas la musique, pas la télé.

Il n'a pas d'amis, pas de copains, il ne reçoit pas de courrier ni de coup de téléphone. Personne ne pense à lui, il ne pense à personne.

Il se moque de son poids, de son apparence, de ses fringues, de sa démarche. Il est asexué, apolitique, invisible. Seule son hostilité face à notre hostilité va grandissante.

Mon frère est... fou.

L'infirmier comprend ce que le frère refusait de voir.

Le psychanalyste ôte ses lunettes :

– Ça a été immédiat, votre positionnement de professionnel ? Vous l'avez regardé immédiatement en tant qu'infirmier ?

– À la seconde où j'ai compris que j'avais merdé complètement dans mon diagnostic, oui. Je n'avais rien vu, je l'avais là, devant moi, depuis des années, je voyais qu'il partait à la dérive, j'avais eu la formation médicale qui m'aurait permis de comprendre, de voir les signes de la maladie... Mais rien, je n'avais rien vu venir.

– Pendant les quelques années où vous aviez accès au savoir, vous n'avez rien vu venir, ce qui est fréquent dans les familles des malades. On ne soigne bien que ceux qu'on ne connaît pas.

– Je le sais mais je ne l'admets pas.

– Que s'est-il passé quand vous avez compris qu'il était... « fou », je reprends votre mot...

– Ce soir-là, ma mère a voulu aller au cinéma.

L'atmosphère était électrique, personne ne parlait à personne, on sentait bien qu'un mot de trop allait faire dégénérer la situation si l'un de nous l'ouvrait. Mon frère était comme une bête en cage, vraiment, il ne tenait pas assis plus de cinq minutes, il se levait sans cesse pour aller boire de l'eau à même le robinet, il riait seul, sur sa chaise, de ses propres vannes qu'il devait se réciter dans sa tête. Il a mangé cinq yaourts. À la suite. Subitement, tout ce que j'avais vu comme de la boulimie ou une crise d'ado me sautait à la gueule. J'interprétais tout, je comprenais tout, je savais tout. J'étais très calme, en apparence, je ne voulais montrer aucune émotion. Une partie de moi pensait qu'on devait faire quelque chose, dans la semaine, l'emmener chez un médecin par exemple, qu'il prenne des neuroleptiques. Une autre partie de moi ne pensait qu'à se barrer loin de tout ça, très loin, cela ne me regardait pas, mes parents allaient bouffer leur propre merde, après tout ne dit-on pas que la mère est responsable si son enfant devient psychotique ?

– C'est une théorie dépassée, monsieur Rejault.

– Pas pour tout le monde. Certains le croient encore. Je ne voulais pas voir le cauchemar devant mes yeux, je ne pouvais pas croire que ma vie si subtilement réglée allait être bouleversée par ça. Je ne le croyais pas.

Ma mère part avec lui au cinéma, je monte dans ma chambre lire et je crois que je m'endors. Je suis réveillé par des éclats de voix, après 23 heures. Ma mère pleure, mon père tente de raisonner mon frère. Je descends en pyjama, je trouve mon frère dans un état d'excitation alarmant et je demande une explication à ma mère. Entre deux crises de larmes, elle m'avoue que mon frère a voulu poignarder un type au cinéma car « des voix lui disaient qu'il devait le faire », que « le diable était sur son épaule ». Ma mère avait pu se jeter entre lui et le type, qui regardait tranquille le film avec sa femme. Ma mère avait su trouver des mots apaisants, en urgence, pour que le type ne se batte pas avec mon frère et elle avait trouvé la force de l'emmener à la voiture, malgré ses cent kilos de muscles. Elle l'avait ramené ; depuis une folle demi-heure, il marmonnait des phrases incompréhensibles. Je la revois encore pleurer dans la cuisine.

– Il va se calmer, il va se calmer, on ira voir le docteur demain, il va se calmer, il va se calmer.

– Non, maman, il ne va pas se calmer, il y a eu passage à l'acte ce soir, il y en aura un autre dans la nuit, il est passé de l'autre côté. Il faut appeler le médecin.

– Tais-toi, tu ne sais pas ce que tu dis, c'est ton petit frère, tais-toi, tais-toi, retourne te coucher, il va se calmer !

Mon frère passe nu devant nous et va boire de l'eau à même le robinet. Repart. Revient. Recommence à boire de l'eau. Ses yeux sont ailleurs. Il ne m'écoute pas quand je lui parle et part s'enfermer dans sa chambre. Mon père est prostré sur la chaise de la cuisine. Je me lève :

– J'appelle le docteur.

Hurlement de mon père :

– Tais-toi ! Tais-toi donc ! Je ne veux pas d'histoires avec le médecin, tu n'as pas à te mêler de tout ça, tu devrais avoir honte, regarde, une fois de plus tout est ta faute : il était parfaitement bien la semaine dernière, il suffit que tu reviennes pour qu'il soit mal, tu vois bien que tu es malsain !

Ma mère intervient :

– Mais François, laisse-le parler, laisse-le parler, il est infirmier, il sait de quoi il cause.

– QU'IL FOUTE LE CAMP HORS DE CHEZ MOI, JE N'AI PAS BESOIN D'UN TORCHEUR DE CULS POUR RÉGLER MES PROBLÈMES !

Un coup sourd et violent résonne contre le mur. Hurlement de l'autre côté, verre brisé, mon frère crie. Je me lève.

– J'y vais.

Je rentre dans la chambre, il est assis sur son lit, nu, la tête dans les mains. Il est en nage. Il halète.

– Antoine ? Antoine, c'est moi, William.

– Qui êtes-vous ?

Il ne me reconnaît plus. Je vois le poignard marocain que mes parents ont acheté au souk, l'an passé. Il est glissé sous son oreiller, le manche à proximité de sa main gauche. Je décide de ne pas le voir, de croire que mon frère en a besoin pour sa sécurité. Je m'approche doucement, sans élever la voix :

– Antoine, c'est moi, William, je m'approche, là,

j'aimerais juste te prendre dans mes bras un instant, s'il te plaît.

– Pourquoi ?

– Je crois que j'en ai besoin.

C'est vrai, je crois que je n'attendais que ça. Que j'avais besoin de le toucher, de le sentir respirer dans mes bras, de le sentir vivant, perdu comme un enfant dans son obscurité mentale. Je crois que je n'allais pas trouver les mots et que seul le contact nous permettrait, à lui et à moi, de sortir vivants ou intacts de la prochaine demi-heure. Sa main esquisse un mouvement vers le poignard alors que je m'approche de lui. Je n'ai pas peur, je suis détaché de tout, sûrement autant que lui, d'ailleurs. Je sais que mon heure est venue, ou pas, je sais que s'il doit le faire, il le fera, je sais que je dois lui parler et qu'il en a besoin, je n'ai pas le choix. Je n'ai pas peur parce que je n'ai pas envie d'avoir peur, parce que je n'ai pas le luxe d'avoir peur. J'entends ma mère dans le couloir réveiller le médecin, je vois les trois maigres CD jetés par terre dans un coin et je réalise que mon frère n'écoute plus de musique depuis des années, je vois la litho de Dalí sur la corrida, je vois ses ongles coupés court à ses pieds. Je sens l'odeur âcre de sa sueur et je me rapproche un peu plus. Je passe ma main sur son épaule.

D'un geste, il m'entoure et, en agrippant son couteau, il vient me prendre dans ses bras. Je sens le couteau posé à plat contre mon dos, lame vers le haut. Je sens mon frère respirer fort contre moi. Je chuchote son prénom, je chuchote n'importe quoi sur un ton calme, doux, apaisant. Je le berce, du moins je tente de bouger son corps immobile et épais, j'essaie de nous faire démarrer une ridicule valse assise, je fais ce que je peux et je le sens se détendre un instant. Le couteau est toujours présent contre mon dos, je sens la pointe piquer involontairement ma troisième vertèbre cervicale. D'un geste il pourrait me l'enfoncer dans la nuque et me tuer.

Je ne sais combien de temps durent ces instants, puis je vois les gyrophares se refléter sur l'eau de la piscine. Dans les films, ils annoncent la fin, les moments heureux, ils se marièrent et eurent beaucoup d'enfants. Pour moi, ce n'est que le début du deuxième round. La voiture du médecin du village se gare dans l'allée. C'est le maire, c'est le député, c'est le médecin, c'est un gros con. Nous ne sommes pas suivis par lui mais il est de garde, ce soir.

Il discute quelques minutes avec mes parents et il entre dans la chambre, sans ménagement :

– Et alors, Antoine Rejault, on fait sa petite crise, hummm ? On fait peur à ses parents ? Tu peux sortir, William, j'ai la situation en main, j'ai l'habitude des grands garçons qui font des crises, j'en ai eu trois à la maison, tu parles ! Et alors Antoine, on affole tout le monde ?

Mon frère se tend.

Je me lève, vais vers le médecin, lui chuchote :

– HO [hospitalisation d'office, de force, non consentie par le malade], il faut une HO ce soir.

– Mais qu'est-ce que tu racontes ? Je connais mon

métier, va boire un petit jus, laisse-moi discuter avec ton frère que je connais depuis la maternelle, allez !

– *(Toujours en chuchotant)* Ne vous approchez pas.

– Allez, arrête ton cinéma... Les deux, arrêtez votre cinéma ! Antoine, viens ici et viens t'excuser auprès de ta mère. William, laisse-nous !

Mon frère se lève comme un V2 et file empoigner le toubib par sa chemise, dont un bouton craque.

– TOI, JE T'AIME PAS, JE T'AI JAMAIS AIMÉ, TU AS FAIT DU MAL À MA MÈRE !

Un deuxième bouton craque et je vois le toubib se décomposer. Sa bonhomie déplacée laisse place à une colère encore plus inadaptée, qu'il ne domine pas, inconscient des retombées de ses paroles. Il est pathétique, il est mauvais, il est nul. Je le sens plus outré par l'affront fait à la chemise de l'élu que concerné par la bombe à retardement en face de ses yeux porcins.

– Je suis le maire du village ! Tu ne me parles pas comme ça ! Je suis un élu ! Je suis un élu ! Lâche ma chemise ! Je te demande de lâcher ma chemise ! Antoine Rejault, ton attitude est inadmissible, je te préviens que je me vais me fâcher tout rouge !

– Antoine, lâche-le, hoquette ma mère qui vient de rentrer en pleurant dans la chambre.

– Allons, Antoine, sois un bon garçon ! supplie mon père.

– Monsieur, nous allons devoir agir si vous ne le lâchez pas ! crie un des deux ambulanciers que tout le monde avait oubliés.

Nous sommes sept dans la chambre. Mon frère sent qu'il doit reculer. Il retourne vers le lit et monte debout dessus, en nous narguant. Je fais sortir tout le monde. Nous nous regroupons à la cuisine. Le médecin s'assoit sur l'unique chaise et reste prostré, attitude qu'il ne quittera plus jusqu'à la fin de la soirée. Il se caresse le menton, le regard perdu.

– Hummm, délicat, délicat, délicat.

Je décide que c'est à moi d'agir, je pense que c'est à moi de commander. Il en faut un. Je suis le seul à être clair. Le seul qui sait. Je le sens.

– Il faut faire une HO, il faut signer les papiers.

– Hummm, tu crois ?

– Il y a tous les signes, tous les signes. Hallucinations visuelles, auditives, violence... Il faut l'interner avant qu'il ne soit trop tard.

– Hummm, délicat, délicat, délicat. Tu crois ?

– Oui.

L'ambulancier intervient :

– Nous, on le prend pas si vous le calmez pas avant, hein. Il faut le piquer, docteur. On en a pris un le mois dernier qui n'avait rien eu pour le calmer et il nous a démoli tout le véhicule. Moi, je ne le prends pas si vous ne l'avez pas calmé.

– Hummm, délicat, délicat. Délicat. Je ne veux pas aller le piquer, il va m'attaquer.

– Je vais y aller, moi, alors.

– Non, William, tu ne peux pas.

– Je suis infirmier, je sais piquer.

– Hummm, délicat, délicat, délicat.

– Docteur, donnez-moi une aiguille, une seringue. Vous avez un neuroleptique ?

– Dans la valise, là. Tu es sûr que tu veux le piquer ? Tu es sûr ?

Mon père hausse la voix :

– Jean-Louis, tu es le médecin, tu dois le piquer toi. Mon fils est nul, il ne sait pas faire ça.

– Hummm, mais si, il sait, il sait, hein, William ? Il sait. Quel produit tu veux ?

– Vous n'avez que ça ?

– Hummm, j'en ai au cabinet, on peut y aller, ça ne prendra que quelques minutes.

– Non, ça ira, je vais lui faire les vingt cc d'un coup. Dans la fesse. Par contre, je ne vais jamais y arriver seul. J'aurai besoin des deux ambulanciers. Papa, maman, on va devoir y aller tous les cinq. Jean-Louis, vous voulez venir ?

– Non. Je reste là, je vais faire les papiers.

– OK. On y va. Il n'y a pas trente-six manières, alors voilà, je vais entrer, je vais le prévenir de ce que je vais faire, je vais lui demander s'il accepte, et s'il refuse nous nous jetons sur lui. Vous, vous prenez le bras droit, vous, le gauche, vous le renversez sur le ventre, maman, tu lui prends la jambe gauche et papa, la droite ; vous maintenez et moi, je pique dans la fesse. Compris ?

L'ambulancier menace :

– Qu'il me fasse pas chier ou je lui en colle une, de toute façon...

Son collègue glousse.

Je me sens horriblement seul.

Je ne me souviens que des hurlements de ma mère, de mon père, de mon frère, des grognements des ambulanciers, de l'aiguille traversant la peau, de ce corps de bête en sueur, des larmes de colère de mon frère, de sa surprise d'être maintenu, des gémissements de ma mère sentant qu'elle lâchait prise sur la jambe et des soubresauts du corps malade qui diminuaient petit à petit, minute après minute, chaque respiration se faisant moins ample, chaque regard fiévreux devenant plus embrumé, ses ongles plantés dans nos chairs relâchant leur pression.

Étape suivante. Une semaine plus tard. Je suis rentré chez moi, après deux crises d'asthme dont une qui m'a presque achevé, il s'en est fallu de peu. Interrogation du pneumologue, aux urgences, sur mes habitudes, si je fume, si je me suis exposé récemment.

– Exposé à quoi ?

– À des éléments potentiellement nocifs pour vous...

– Les acariens n'ont rien à voir dans cette affaire, docteur, je vous le jure, dis-je en essayant de plaisanter.

Le samedi qui suit, je décide d'aller à l'hôpital psy, pour voir de mes yeux l'évolution, pour savoir comment ça se passe ou comment ça ne se passe pas. On gare la voiture, je décide d'entrer seul, je ne veux infliger ça à personne. Des malades en pyjama passent devant moi, partent fumer leur clope sous un arbre. Il fait froid. Le pavillon de mon frère est au bout du parking, il est fermé à clé. Je sonne. On m'ouvre. Je me présente :

– Je suis le frère d'Antoine Rejault.

– OK, je vous emmène.

Nous traversons un couloir, ça crie à droite, à gauche, on tente de me taxer une clope, je souris maladroitement. Une porte épaisse, un petit carreau de verre renforcé, pour regarder dans la chambre. D'isolement.

– Vingt minutes, ça vous va ?

– OK.

Pas un meuble. Pas de fenêtre. Une ampoule nue éclaire la scène. Un lino déchiré. Un matelas jeté à même le sol. Une odeur de merde. Antoine, allongé dessus, presque inconscient. Je calcule que cela fait sept nuits qu'il est là. Six journées en isolement, visiblement shooté. Ça fait au moins quatre de trop.

Je me penche vers le lit. L'appelle doucement. Aucune réaction. Je lui caresse l'épaule. Aucune réaction. Je prononce son nom, un peu plus fort cette fois. Rien. Une autre odeur, plus pernicieuse, me monte au nez, comme une vieille pute sournoise. Une odeur que je connais bien, une odeur dont je me méfie, en service. Le pyo. Ça sent le pyo.

Le pyo, c'est le microbe qui infecte les plaies et les rend sales, vertes, dégoulinantes. Le pyo, c'est la puanteur, l'ennemi de l'infirmier. Le pyo, visiblement, est quelque part sur le corps de mon frère. Je descends vers les pieds, nus, j'inspecte la cheville, je relève son talon. Mon index s'enfonce dans une chair sale et puante.

Deux plaies. Une sous chaque talon. Deux escarres. Mon petit frère a chopé des escarres talonnières en moins d'une semaine. Des escarres infectées, profondes, qui puent et dont personne ne se soucie.

Il n'y a pas de pansement. Pas de compresse protectrice. Rien. La chair filandreuse est posée à même le drap sale recouvrant le matelas ignoble, hôte de dizaines d'autres patients depuis des années. Mon frère est tellement shooté qu'il ne sent rien.

Un étourdissement.

Je pars m'adosser contre le mur.

J'essaye de respirer, de ne pas laisser la colère monter en moi. J'essaye de comprendre le pourquoi, le comment, de définir ce que je peux supporter et ce que je dois dire. La colère l'emporte, je fonce comme une fusée vers le poste de soins. Je frappe à peine. Trois infirmières sont présentes.

– Qui s'occupe d'Antoine Rejault ?

– Euh, nous...

– Les escarres, ça vous gêne pas ?

– Quelles escarres ?

– Vous vous moquez de moi ?

– Il a des escarres ?

La plus vieille a l'air véritablement sidérée, une des deux autres regarde son stylo, la troisième prend un air cinglant :

– Écoutez, nous verrons ça plus tard, nous en sommes aux transmissions, monsieur. Les escarres de votre frère ne sont pas une priorité, il convenait d'abord de traiter la bouffée délirante, d'accord ? Laissez l'équipe médicale faire son travail.

– Tu te fous de moi ?

Le tutoiement, que je contiens toujours à grand-peine quand je suis en colère, le tutoiement sort de moi comme un diable fou. Je m'approche d'elle :

– Tu te fous de moi ? Sérieux, tu te fous de moi ? Tu me prends pour un idiot ? Tu sais que mon frère est en pleine forme, qu'on vous l'a envoyé pour une bouffée délirante aiguë, en pleine forme physique, et tu me dis que ses escarres ne sont pas une priorité alors qu'elles sont survenues dans ton service, parce que tu ne faisais pas correctement ton travail d'infirmière ?

– Monsieur...

– Attends, tu me laisses parler, tu me laisses parler parce que j'ai deux trois trucs à te dire. Je vais t'expliquer le topo. Moi, la psychiatrie, je connais, j'y bosse, j'y ai bossé. Je sais que c'est l'endroit où on va si on veut trop rien glander sans prendre trop de responsabilités, qu'on aura pas des masses de toilettes à faire ni de soins à prodiguer à part une ou deux piqûres tous les dimanches et quatre cachetons à distribuer, alors, la psy, je connais. Je sais que si on veut rien branler, on n'y branle rien. Et visiblement, quelqu'un ici n'a rien branlé. Alors, je remets pas en question ton fonctionnement ni celui de ton collègue qui a rien branlé, je te dis juste : me prends pas pour un con, steplé, pas moi. ME PRENDS PAS POUR UN CON ! T'as des compresses, de l'eau stérile ?

– Monsieur...

– Je te demande pas ton avis quand je fais ton boulot que t'aurais dû faire. Tu me comprends ? T'as des compresses ?

– Sur le chariot.

– Merci.

Je prends d'autorité ce que je juge nécessaire pour le soin et je repars avec vers la chambre, suivi de près par la vieille infirmière qui ne pipe mot. Elle me regarde m'installer par terre, mettre des gants et nettoyer comme je peux les plaies, avant d'y poser un peu de tulle gras et d'enfermer le tout sous un bon rouleau de gaze. Moyens du bord. Je travaille comme je peux, je ne m'arrête pas, je veux recouvrir cette horreur avant de mourir. Je sais que je vais mourir après, mon estomac transformé en boule d'angoisse hurlante me confirme ma mort imminente. Imminente, certes, mais APRÈS ce foutu pansement. Je ne sais faire que ça, des pansements, je ne sais pas conduire d'avion, je ne sais pas plaider, je ne sais pas peindre, je ne sais pas chanter, je ne sais pas jouer du piano, je suis un infirmier et on est dans le soin, alors ça, je sais faire et je dois le faire.

Antoine ne moufte pas.

À la fin, je jette tout sur un champ stérile jetable, j'en fais un paquet d'une main et je me dirige vers le couloir, toujours suivi par la vieille infirmière muette.

– Où sont les poubelles, s'il vous plaît ?

– Je suis Corinne. Je vous promets que je lui ferai tous ses pansements, tous les jours.

– Pardon ?

– Vous l'aimez, votre petit frère, n'est-ce pas ?

Ne pas pleurer, ne pas pleurer, tenir bon, respirer, retenir le sanglot qui monte, retenir la larme que je sens dans mon œil, respirer pour ne rien montrer, se contrôler, se contrôler...

– Vous l'aimez, c'est le mieux qu'il y ait à faire. Je suis heureuse de voir qu'il est aimé. Je m'appelle Corinne, je vous promets que je vais veiller sur lui.

À cette parole, à cet instant, toutes mes défenses tombent et je craque. Les larmes explosent, mon dos s'affaisse et je pars en avant. Elle ouvre ses bras et je me retrouve contre sa vieille poitrine, secoué de sanglots énormes et incontrôlables qu'elle ne cherche pas à arrêter. Nous sommes en plein milieu du couloir, les patients nous dépassent, le téléphone sonne et je pleure comme je n'ai pas pleuré depuis des jours, dans les bras d'une inconnue. Je me relâche totalement. C'est tellement dur.

C'est tellement con d'écrire que c'est tellement dur. Ça ne rend compte de rien, d'écrire « c'est tellement dur ». C'est juste un de ces moments dans la vie où vous voulez mourir pour ne pas avoir à prendre de décision, où vous voulez mourir juste pour ne pas être au courant d'une situation. Vous refusez. Vous ne voulez pas voir.

C'est tellement injuste, ça tombe tellement mal, ça n'arrive qu'aux autres, ces conneries, c'est complètement anormal, ma vie est si bien réglée, j'ai tout pour être heureux, pourquoi moi, pourquoi maintenant,

POURQUOI, merde ? Pourquoi je sais ce qui va arriver, pourquoi c'est à moi de signer des papiers d'internement, de faire des pansements, d'ouvrir ma gueule, pourquoi mes parents me demandent de l'aide, mon frère me demande de l'aide, pourquoi je n'ai pas le droit de vivre ma vie égoïstement seul et tranquille, sans toute cette merde de téléfilm minable qui me saute à la gueule et me détruit ? C'est pas juste, putain, c'est pas juste. Je suis pas fort, je suis rien, je suis comme tout le monde, je suis fragile, je fais style je suis fort mais en fait non, c'est pas vrai. Je fais style je sais, style je te drague, style je plaisante, style c'est moi le plus beau, le plus fort, mais en vrai, en vrai, à l'intérieur, je suis perdu, en larmes, comme un enfant de cinq ans dans un rayon du supermarché.

Trois jours après, on lui passe le téléphone, il me hoquette :

– Sors-moi de là, j'ai peur des fous !

Mort. Mort. Mort. Mort. Angoisse. Angoisse. Angoisse. Angoisse. Injustice. Haine. Douleur. Violence. Incompréhension. Vertige. Gémissement.

La vie est une grosse salope qui se marre bien... et j'en ai plein, des maximes comme ça ; celle-ci me plaît tout autant : « À force de dire des saloperies, on en attrape ». Mais c'est vrai que la vie, des fois, elle fait de l'humour.

En même temps que j'allais voir le psy, dévasté, je travaillais en intérim, dans un hôpital de jour. Psy. Pour psychotiques.

Dans la famille Je-fais-semblant, je demande William.

Julien Lepers : Top ! Je suis un infirmier qui vient travailler en pleurant tous les matins dans un hôpital de psychotiques alors que mon frère supplie pour que je le sorte du sien et je parle à mes patients comme si de rien n'était en souriant et en donnant des infos pleines d'empathie aux familles et je veux mourir dès que j'arrête de travailler ou de foncer, je suis... je suis... je suis... moi !

Le temps passe. L'ex essaie de me soutenir mais je souffre pour deux. Mon frère a de la chance, ses neuroleptiques ôtent sa peine, à lui. Vases communicants, il faut bien que quelqu'un se la bouffe, sinon qu'est-ce qu'elle va devenir, toute cette pauvre petite peine ? Rien ne se perd, rien ne se crée.

Le temps passe. On voit des comédies romantiques de Noël où, au détour d'une scène, un patient psy tape sur sa sœur, et on se retrouve à pleurer toutes les larmes de son corps dans un cinéma près d'Odéon. On doit sortir de la salle.

Le temps passe. On raconte son histoire à un psychologue qui nous conseille le yoga, à un psychiatre qui nous conseille le sport, à un psychanalyste qui se pose et nous écoute parler, pendant plus de deux heures, un soir, sa dernière consultation de la journée. Il prend des notes.

Le temps passe. Les crises de folie s'éloignent et reviennent. On se surprend à préférer un bon vieux cancer des familles, là, au moins, on connaît l'ennemi, on sait les échéances, on repère les thérapeutiques, on suit le chemin balisé.

Le temps passe. On en vient à regretter que le suicide n'ait été que tenté et non réussi.

Le temps passe. On se rend compte (mais on le savait déjà) qu'il ne fait pas bon être malade mental en France aujourd'hui, ni encore famille de malade mental. Que quatre cents euros par mois, ça constitue la seule ressource, la seule proposition d'un État providence dépassé qui ne compte que sur la bonne volonté des familles pour contenir les problèmes.

Le temps passe. On raconte par bribes son histoire et on est parfois surpris lorsqu'on vous demande si vous avez un frère, en entretien d'embauche. On bafouille. Le recruteur croit lever un lièvre. On lui balance, presque fier de le moucher :
– Il est psychotique, il vit à la maison.

Le temps passe. On voit que les parents vieillissent et qu'ils sont à bout et on compte les jours de tranquillité, la vie de couple, la vie amicale, la vie tranquille, on compte les jours avant qu'un matin ce ne soit à nous de le prendre à la maison. Dans notre maison. On sait que ça n'est pas possible. Alors on regarde ailleurs.

Le temps passe. On ne supporte plus les barges, les fous, les borderline. Déjà donné, déjà un « à la maison ». On devient agressif quand ils approchent. On aurait presque envie de les frapper pour leur faire payer tout ce qu'on ne peut pas faire payer à son propre frère. On en vient même à espérer qu'ils s'approchent un peu trop, pour qu'éclate la violence contenue, les reproches, la haine de ce qui ne devrait arriver qu'aux autres. Je ne peux plus les blairer, les barges.

Le temps passe. On se voit travailler au quotidien et on comprend pourquoi on est devenu comme ça : *c'est moi qui ordonne, c'est moi qui commande, c'est moi qui ouvre ma gueule.* C'est surtout moi qui veux tout maîtriser, tout régir, tout contrôler. Angoisse en laisse. Quand on arrive à lui passer la laisse. Chiens d'imprévus, vérole de contretemps, misère des urgences non planifiées provoquant bouffées d'angoisse et crises de domination avortées, pathétique.

Le temps passe et j'arrive à l'écrire.

Table des matières

Imprimé en France
par Corlet Imprimeur
14 Condé-sur-Noireau
N° d'impression : 117941
ISBN : 978-2-35076-092-6
Dépôt légal : novembre 2008